O Aleph

OS ENSINAMENTOS OCULTOS E CABALÍSTICOS DE JESUS

Editora Appris Ltda.
1.ª Edição - Copyright© 2025 dos autores

Catalogação na Fonte
Elaborado por: Dayanne Leal Souza
Bibliotecária CRB 9/2162

P279a
2025

P. Filho, J. A.
O Aleph: os ensinamentos ocultos e cabalísticos de Jesus / J. A. P. Filho. - 1. ed. - Curitiba: Appris, 2025.
198 p. ; 23 cm.

Inclui referências.
ISBN 978-65-250-8290-5

1. Cabalá. 2. Cristianismo. 3. Alquimia. 4. Judaísmo. 5. Ocultismo. 6. Astrologia. I. P. Filho, J. A. II. Título.

CDD - 232.901

Livro de acordo com a normalização técnica da ABNT

Appris editora

Editora e Livraria Appris Ltda.
Av. Manoel Ribas, 2265 - Mercês
Curitiba/PR - CEP: 80810-002
Tel. (41) 3156 - 4731
www.editoraappris.com.br

Printed in Brazil
Impresso no Brasil

J.A.P. Filho

O Aleph

Os ensinamentos ocultos e cabalísticos de Jesus

artêra
editorial
Curitiba, PR
2025

FICHA TÉCNICA

EDITORIAL	Augusto V. de A. Coelho Sara C. de Andrade Coelho
COMITÊ EDITORIAL	Ana El Achkar (Universo/RJ) Andréa Barbosa Gouveia (UFPR) Jacques de Lima Ferreira (UNOESC) Marília Andrade Torales Campos (UFPR) Patrícia L. Torres (PUCPR) Roberta Ecleide Kelly (NEPE) Toni Reis (UP)
CONSULTORES	Luiz Carlos Oliveira Maria Tereza R. Pahl Marli C. de Andrade
SUPERVISORA EDITORIAL	Renata C. Lopes
PRODUÇÃO EDITORIAL	Bruna Holmen
REVISÃO	Bianca S. Pechiski
DIAGRAMAÇÃO	Bruno Ferreira Nascimento
CAPA	Carlos Eduardo Pereira
REVISÃO DE PROVA	Juliana Turra

Aviso ao(à) leitor(a)

Assim como na obra que escrevi anteriormente, *A Corrente* (Editora Viseu, 2023), este livro não tem a intenção de confrontar a crença ou a fé religiosa de qualquer pessoa. Não me considero qualificado para isso. Todavia, visa instigar o leitor a considerar um ponto de vista alternativo sobre a vida de um dos mais importantes avatares da história ocidental: Jesus, o Cristo.

O processo de elaboração deste livro foi totalmente intuitivo e baseado em conhecimentos, até então ocultos, que tive a oportunidade de vivenciar. Portanto, não espere um texto científico ou acadêmico, com todas as suas formalidades e teorias, mas sim um ensaio que transita entre os universos das possibilidades, da especulação e do conhecimento formal.

A motivação para escrever este livro veio da necessidade de compartilhar uma perspectiva diferente, enriquecida por experiências pessoais e reflexões profundas. Explorar esses conhecimentos ocultos permitiu-me expandir minha compreensão espiritual, e acredito que podem oferecer ao leitor uma nova forma de enxergar e entender a vida e a figura de Jesus.

O livro é dividido em duas partes. A primeira traz contos e não uma história contínua, que promovem profundas reflexões e proporcionam ao leitor a oportunidade de meditar sobre aspectos da vida que, por algum motivo, negligenciamos em nosso cotidiano. Esses contos foram inspirados por insights surgidos durante momentos de contemplação e meditação e visam despertar uma nova consciência sobre o valor das pequenas coisas e das grandes questões existenciais.

A segunda parte é um ensaio sobre a vida mística de Jesus, baseado em conhecimentos maçônicos, alquímicos, cabalísticos e astrológicos. Com esse ensaio, pretendo apresentar alguns pontos de vista alternativos e complementares à grande obra do cristianismo — os evangelhos canônicos de Mateus, Marcos, Lucas e João. Dessa forma, procuro lançar uma leve luz sobre pontos que podem parecer confusos ou curiosos, oferecendo interpretações que têm o potencial de enriquecer a compreensão tradicional.

Este é um livro que pode ser considerado ousado, e recomendo cautela na leitura. Tudo dependerá da disposição do leitor em abrir sua mente a novos pontos de vista. Sugiro que leiam esta obra com uma mente receptiva, compreendendo que a fé é um processo individual, no qual cada um é responsável por carregar sua própria lanterna.

Respeitosamente,
Paz Profunda
J.A.P. Filho, Ph.D

APRESENTAÇÃO

Desde os primórdios da humanidade, o sagrado se manifesta nas entrelinhas da história, revelando-se apenas àqueles que se aventuram além do óbvio. *O Aleph – Os Ensinamentos Ocultos e Cabalísticos de Jesus* é um convite para essa jornada de descoberta, na qual o leitor será conduzido a uma compreensão mais profunda da espiritualidade, da simbologia e dos mistérios que permeiam os evangelhos de Mateus, Marcos, Lucas e João.

A proposta desta obra vai muito além da narrativa convencional sobre Jesus. Baseada em tradições esotéricas como Cabala, Alquimia, Hermetismo, Astrologia, Maçonaria e Gnosticismo, o livro conduz o leitor à essência oculta de seus ensinamentos, revelando conexões que transcendem o tempo e a religiosidade dogmática. Jesus foi apenas um profeta ou um iniciado nos mistérios divinos? Seus ensinamentos continham chaves que foram deliberadamente ocultadas ao longo dos séculos? Quais são as mensagens ocultas em seus ensinamentos?

Dividido em duas partes, o livro oferece ao leitor dois caminhos complementares. O primeiro, repleto de contos meditativos e filosóficos, propõe reflexões sobre a jornada espiritual do buscador, a dualidade entre matéria e espírito e os desafios da evolução interior. Cada narrativa é um convite à introspecção, conduzindo o leitor a uma percepção ampliada da vida e da transcendência.

Na segunda parte, a obra adentra o universo do conhecimento oculto, desvendando as entrelinhas dos evangelhos sinóticos sob a perspectiva esotérica. Com base na simbologia cabalística, maçônica, astrológica e alquímica, exploram-se os significados mais profundos da vida de Jesus, sua relação com as tradições místicas do mundo antigo e a verdadeira essência de sua missão. O que há por trás das parábolas? Qual é a relação entre os ensinamentos do Cristo e os princípios herméticos? Como o alfabeto hebraico e a estrutura cósmica da criação se entrelaçam com sua mensagem?

O título "O Aleph" é, em si, um símbolo poderoso. Na tradição cabalística, Aleph é a primeira letra do alfabeto hebraico, representando a origem de todas as coisas e a ligação entre os mundos espiritual e material.

No misticismo, Aleph é o ponto de convergência onde todas as verdades se encontram, o portal para a sabedoria infinita. Assim como a letra inicial contém em si a totalidade do conhecimento, este livro se propõe a ser uma porta de entrada para aqueles que desejam ir além do óbvio e explorar as camadas ocultas do divino.

Ao longo da história, muitas tradições espirituais preservaram ensinamentos secretos, transmitidos apenas a iniciados preparados para compreendê-los. Será que Jesus fez o mesmo? Em passagens enigmáticas dos evangelhos, ele sugere que há verdades ocultas reservadas àqueles que têm "ouvidos para ouvir". Nesse contexto, este livro busca resgatar essa dimensão velada, oferecendo uma interpretação profunda que dialoga com o pensamento esotérico e filosófico.

A proposta não é oferecer respostas prontas, mas instigar a reflexão e despertar o leitor para novas possibilidades. Se a espiritualidade é um caminho pessoal e intransferível, o conhecimento é a chave que ilumina essa trajetória. Ao se abrir para essa leitura, o buscador não apenas descobrirá uma nova perspectiva sobre a figura de Jesus, mas também será desafiado a expandir sua própria visão sobre a existência e o divino.

Com coragem e mente aberta, embarque nesta jornada. Permita-se questionar, refletir e, acima de tudo, despertar. Esta obra é destinada a todos os buscadores da verdade, independentemente de religião ou crença. Se você sente que a espiritualidade vai além do que é ensinado convencionalmente, se busca uma compreensão mais profunda dos evangelhos e das tradições ocultas, este livro é para você.

Aqui, não há dogmas a serem impostos, nem verdades absolutas a serem aceitas sem reflexão. O objetivo deste livro é expandir horizontes, despertar a curiosidade e incentivar a busca pessoal pelo conhecimento e pela iluminação. Seja bem-vindo a essa jornada de descobertas. Que este livro seja uma chave para abrir portas antes ocultas e iluminar caminhos que antes pareciam inacessíveis.

Que sua leitura seja transformadora.

Batei, e abrir-se-vos-á; buscai, e achareis.

(Mateus 7:7)

PREFÁCIO

Atravessar os portais do conhecimento oculto é uma jornada para aqueles que possuem olhos para ver e ouvidos para ouvir. *O Aleph – Os Ensinamentos Ocultos e Cabalísticos de Jesus* não é apenas um livro, mas um chamado à compreensão da verdadeira essência dos ensinamentos de Jesus, livre das amarras dogmáticas que tentaram restringi-los a uma interpretação literal.

Ao adentrarmos suas páginas, somos convidados a trilhar um caminho que vai além do cristianismo tradicional, mergulhando nas tradições esotéricas que moldaram a espiritualidade ocidental. Como estudioso da Cabala, do hermetismo e da astrologia, vejo nesta obra uma oportunidade de restaurar a ligação entre a sabedoria ancestral judaica e os ensinamentos de Jesus, não apenas como profeta, mas como iniciado nos mistérios da criação.

A obra se divide em duas partes. A primeira, com contos meditativos, propõe reflexões sobre a condição humana e o despertar espiritual. Inspirada na tradição rabínica e sufi, a narrativa velada oferece chaves interpretativas que só os iniciados reconhecem. A segunda parte revisita passagens dos evangelhos sob uma ótica cabalística e hermética.

A primeira parte conduz o leitor por contos que evocam a sabedoria de grandes mestres espirituais. À primeira vista, simples, revelam, com leitura atenta, aspectos da jornada da alma e da conexão com o divino. A linguagem acessível esconde profundidade simbólica, que exige sensibilidade para ser decifrada.

Esses contos abordam temas universais: a luta entre luz e trevas, o despertar da consciência e a superação da ilusão material. Apresentam arquétipos que representam forças cósmicas e verdades eternas. Como nas parábolas de Jesus, não oferecem respostas diretas, mas provocam o leitor a refletir sobre sua própria experiência.

A narrativa resgata a tradição da transmissão oral do conhecimento espiritual, presente no judaísmo e em escolas esotéricas. Essa forma de ensino permite uma assimilação intuitiva, conduzindo a insights além da razão. Cada conto é uma semente plantada na mente e no coração, germinando conforme o leitor avança em sua jornada.

Essa estrutura narrativa valoriza a experiência direta do sagrado. Ao invés de impor dogmas, coloca o leitor diante de dilemas e reflexões que ecoam seus próprios desafios espirituais. O questionamento é essencial, pois o caminho da iluminação não se faz por meio de respostas prontas, mas pela descoberta pessoal.

A segunda parte da obra apresenta um estudo aprofundado dos evangelhos sob perspectiva mística. O autor aplica chaves da Cabala, da Alquimia, da Astrologia e do Hermetismo para revelar os significados ocultos nas palavras de Jesus. Essa abordagem vai além do literal, permitindo compreender dimensões espirituais mais profundas.

Explora episódios marcantes da vida do Mestre, milagres, crucificação, ressurreição, e a linguagem cifrada por ele usada. Mostra como esses ensinamentos se alinham a princípios universais de transformação espiritual e como ecoam doutrinas preservadas por diferentes tradições ao longo do tempo.

Um ponto central é a análise dos evangelhos segundo os quatro níveis da exegese cabalística: Peshat (literal), Remez (alegórico), Drash (interpretativo) e Sod (místico). Com isso, evidencia-se que há um conteúdo esotérico reservado aos que percorrem a senda da sabedoria oculta.

Essa abordagem rompe com interpretações dogmáticas e conduz o leitor a um verdadeiro despertar espiritual. Jesus não pregava apenas uma moral; transmitia conhecimentos sobre a natureza da alma, da realidade e da ascensão espiritual, verdades que foram em grande parte ocultadas ou distorcidas pela tradição.

A obra também destaca as influências de tradições esotéricas antigas sobre os ensinamentos do Cristo, como a alquimia, o hermetismo e a filosofia pitagórica. Estabelece conexões entre os conceitos de transmutação espiritual, iluminação e renascimento, presentes tanto na Cabala quanto nas falas de Jesus.

Desse modo, o leitor percebe que os ensinamentos do Mestre dialogam com verdades universais e que seu legado ultrapassa o contexto judaico-messiânico. Ao propor uma leitura esotérica do Cristo, o autor desafia o leitor a abandonar a zona de conforto e encarar o conhecimento sagrado como um convite ao despertar.

Que esta obra inspire seus leitores a buscarem mais, questionarem mais e, sobretudo, encontrarem em si mesmos a chave para os mistérios do universo. Afinal, como disse o Mestre: "Conhecereis a verdade, e a verdade vos libertará".

Ao final da leitura, descortina-se um novo horizonte para a espiritualidade cristã. A obra desafia paradigmas e conduz a um entendimento mais profundo do legado de Jesus. Seu convite ao autoconhecimento e à busca interior ressoa com os princípios essenciais de todas as tradições iniciáticas. Que cada leitor encontre nestas páginas não apenas teoria, mas uma experiência real de transformação rumo à luz do entendimento.

Prof. Gabriel W. Levi, Ph.D

Ph.D em Philosophy of Religions

University of Chicago – Divinity School

SUMÁRIO

LIVRO 2

OS ENSINAMENTOS OCULTOS DE JESUS: REVELAÇÕES ESCONDIDAS NOS EVANGELHOS

INTRODUÇÃO

O título de um livro deve, a meu ver, estar alinhado ao conteúdo e, ao mesmo tempo, despertar a curiosidade do leitor, motivando-o a iniciar a leitura. Por isso, a escolha do título é de grande importância, pois confere à obra sua identidade. Com base nessas observações, o título desta obra foi escolhido: O Aleph – Os Ensinamentos Ocultos e Cabalísticos de Jesus.

Esta publicação está dividida em duas partes. A primeira é composta por contos espiritualizados que têm como objetivo conduzir o leitor a reflexões sobre seu estado espiritual, seu papel nesta existência e sua necessidade de transcendência. Esses contos são baseados em ensinamentos de tradições ancestrais judaicas, herméticas, alquímicas, cabalísticas, cristãs e goéticas, às quais venho me dedicando ao estudo por uma boa parte de minha vida.

É possível que, ao ler algum conto pela primeira vez, alguns detalhes escapem ao seu entendimento. Não se preocupe, pois esse é o primeiro passo rumo a uma compreensão mais profunda. Nenhuma jornada começa sem o primeiro passo, e nenhuma é isenta de tropeços.

Ao introduzir diversas tradições, inicialmente consideradas distintas entre si, dentro dos mesmos contextos, procuro demonstrar que a verdade é única, independentemente da fonte pela qual a acessamos. Todas as tradições se complementam e se afirmam mutuamente; basta termos o discernimento e as chaves necessárias para acessá-las.

Na tradição judaica, há quatro níveis de entendimento das escrituras, os quais tomo a liberdade de citar a seguir:

- **Pshat (טשפ – simples):** Corresponde ao nível mais simples de interpretação das escrituras. Baseia-se no sentido literal, com um nível de compreensão superficial do texto.
- **Remez (זמר- sugestão):** Nesse nível, o leitor começa a desconfiar de que, por trás do texto literal, há informações a serem descobertas e interpretadas. O estudante passa a compreender o sentido alegórico das mensagens.

- **Drash (שרד – busca):** A leitura nesse nível torna-se mais profunda. A escritura, outrora obscura, passa a ser revelada por meio das palavras, letras e figuras de linguagem.
- **Sod: (סוד – segredo):** É o nível mais profundo de interpretação, também chamado de misticismo. Para alcançá-lo, é preciso meditação e reflexão. Neste nível, estabelece-se a comunhão entre D'us e o estudante.

Ao tomarmos as iniciais do nome de cada um dos níveis de interpretação demonstrados, teremos a construção da palavra hebraica סדרפ (Pardes), que significa "pomar" ou "jardim", o que nos conduz à ideia de que a interpretação dos textos sagrados representa um caminho abrangente e frutífero de estudo e espiritualidade, assim como um pomar que oferece diferentes tipos de frutos.

O significado de "O Aleph"

De acordo com ensinamentos cabalísticos e bíblicos, o Eterno criou o universo material e sutil por meio de Sua vontade, manifestada através da palavra sagrada, proferida em hebraico. Isso pode ser constatado em *Bereshit* (*Gênesis*), o primeiro livro da *Torá* (ou Pentateuco de Moisés).

> *E Deus disse:*
>
> *'Haja Luz!' e houve luz. E Deus viu que a luz era boa, e Deus separou a luz da escuridão. E Deus chamou a luz de Dia e a escuridão de Noite. E foi tarde e manhã, o primeiro dia.*

Durante todo o capítulo 1 de *Bereshit (Gênesis)*, o Supremo criou todas as coisas por meio de Sua palavra. Portanto, cada letra que compõe seu idioma possui um significado oculto, cujo estudo nos auxilia no entendimento dos mistérios da criação da nossa realidade.

O Zohar, um dos livros mais importantes da tradição cabalística judaica, nos diz que a Torá foi redigida pelo Santíssimo antes da criação do mundo, escrita com o alfabeto hebraico. O Sefer Yetzirah (tradução de "Livro da Formação" em hebraico) nos diz:

Vinte e duas letras elementares. D'us (Deus) as gravou, entalhou, pesou, combinou e transpôs, formando com elas tudo o que é formado e tudo o que é destinado a ser formado. Vinte e duas letras elementares, D'us as dispôs numa roda de 231 portas, que giram para frente e para trás...

O Aleph-Beit, apesar de ser denominado um "alfabeto" no idioma hebraico, é, na verdade, um *abjad*, ou seja, todos os seus caracteres representam consoantes. Além disso, diferentemente do sistema que utilizamos, cada caractere possui um valor numérico específico, um pictograma correspondente e um significado.

Por exemplo, a letra Aleph, sendo a primeira, tem valor numérico igual a 1; sua representação pictográfica lembra a cabeça de um boi, e seu significado é "boi", "força" ou "líder". A letra Beit tem valor numérico igual a 2, uma representação pictográfica característica e significa "casa" ou "dentro". Os demais caracteres, com seus significados pictográficos e valores numéricos, são apresentados no quadro a seguir:

Quadro 1 – Alfabeto hebraico

Letra	Nome	Valor Numérico	Significado Tradicional	Representação Cabalística
א	Álef	1	Touro, força, início	Unidade, espírito
ב	Bét	2	Casa, morada	Criação, dualidade
ג	Guímel	3	Camelo, ponte	Movimento, dádiva
ד	Dálet	4	Porta, passagem	Humildade, acesso
ה	Hê	5	Janela, revelação	Inspiração, sopro
ו	Vav	6	Gancho, conexão	Elo céu-terra
ז	Záin	7	Arma, espada	Força, vitória
ח	Hêt	8	Cercado, cerca	Vida, transformação
ט	Têt	9	Serpente, vaso	Bem oculto, gestação
י	Yod	10	Mão, ponto	Centelha divina
כ	Kaf	20	Palma da mão	Potencial, ação
ל	Lâmed	30	Açoite, aprender	Ensino, elevação
מ	Mem	40	Água	Sabedoria, fluxo
נ	Nun	50	Peixe	Eternidade, fé
ס	Sâmech	60	Apoio, sustentação	Proteção, círculo
ע	Áyin	70	Olho	Visão interior
פ	Pê	80	Boca	Palavra, expressão
צ	Tsádi	90	Justo, anzol	Justiça, retidão
ק	Qôf	100	Parte de trás da cabeça	Limiar espiritual
ר	Rêsh	200	Cabeça	Renovação, ciclo
ש	Shin	300	Dente, chama	Fogo divino
ת	Tav	400	Cruz, marca, selo	Verdade, totalidade

Fonte: Santoro (2023)

Feitas essas introduções, voltemos à letra Aleph. Ela é a primeira letra do alfabeto dos idiomas semíticos (hebraico, fenício, aramaico, siríaco e árabe), correspondendo ao Alpha no idioma grego. O significado da imagem que representa Aleph (touro, boi) na mística judaica nos conduz à ideia de "força" e "poder".

No contexto cabalístico, o número que caracteriza Aleph (1) remete à ideia do Eterno, do Criador do Universo, por ser indivisível, constante e imutável, ou seja, o princípio de todas as coisas manifestas e não manifestas no universo. Aleph também é constantemente associada à sabedoria, à espiritualidade e à origem de todas as coisas, além de derivar as palavras: "amigo" e "mestre" (aluf – אָלוּף).

Outro aspecto que chama a atenção em relação a essa letra é sua forma, que também deve ser analisada pelo estudante, pois, se o Santíssimo utilizou o Aleph-Beit para criar toda a realidade universal, devemos considerar que tanto o significado quanto o formato das letras não são mero acaso. A letra Aleph é formada por três outras letras: duas letras Yud (uma superior e outra inferior) e uma Vav (situada no meio).

Figura 1 – Letra Aleph do alfabeto hebraico

Como mencionado anteriormente, cada letra possui um valor numérico. No caso, temos: Yud + Vav + Yud = 10 + 6 + 10 = 26, ou seja, o mesmo valor do Tetragrama sagrado (YHVH), usado para representar o nome do Eterno: Yud + Hei + Vav + Hei = 10 + 5 + 6 + 5 = 26. Assim, o nome Divino encontra-se concentrado em uma letra, remetendo à ideia de início. O número 1, o átomo que forma todas as coisas do universo, representa a multiplicidade da existência, que tem origem na unidade Divina, nomeada pelo Tetragrama sagrado.

A letra Aleph também pode ser relacionada ao número 3, já que é formada por três letras ou três dimensões. O ternário define nossa realidade tridimensional e nos traz equilíbrio. Para que uma estrutura seja estável, ela deve possuir ao menos três pilares.

A posição dos caracteres que formam Aleph também carrega um princípio cabalístico que merece atenção. O Yud superior (que olha para cima) designa o mundo espiritual (sephirah Kether), enquanto o Yud inferior (que olha para baixo) representa o mundo material (sephirah Malkuth). Essa ideia pode ser associada à máxima hermética: "O que está em cima é como o que está embaixo". Portanto, a letra Aleph nos lembra da dualidade entre espírito e matéria, entre o denso e o sutil, indicando que o nosso mundo material é uma representação do mundo espiritual.

Todos nós somos a representação microcósmica do universo. O Vav denota o "rakia" רָקִיעַ (céu ou extensão em hebraico, que mais tarde foi traduzido para o latim como firmamento), separando o mundo superior do inferior e sendo o ponto de equilíbrio entre ambos.

Aleph também aparece no nome do Senhor (Adonai - יָנֹדֲא) e de sua criação, Adão (Adam - מָדָא). Além disso, inicia os Dez Mandamentos por meio da palavra Anokhi: "Anokhi YHVH Eloheikhá (ךָיֶהֹלֱא הָוֹהְי יִכֹנָא) - Eu sou YHVH, teu Deus!".

Portanto, a interpretação do Aleph-Beit, e especificamente da letra Aleph, revela um sistema de conhecimento no qual cada elemento é significativo e interligado, proporcionando uma visão profunda e equilibrada da nossa realidade. Essa análise nos permite apreciar a riqueza e a complexidade do alfabeto hebraico, não apenas como um conjunto de símbolos linguísticos, mas como um veículo de significados espirituais e cósmicos.

Há ensinamentos ocultos de Jesus nos evangelhos?

Como já citei anteriormente, existem diversos níveis de interpretação das escrituras sagradas (Torá, Bíblia, Alcorão, etc.) e cabe ao estudante se aprofundar neles a fim de extrair os conhecimentos intrínsecos de cada texto. O Zohar nos diz que interpretar os textos de maneira superficial é como julgar um homem por suas vestes.

Nos evangelhos de Mateus (13:3-9), Marcos (4:3-9) e Lucas (4:14-20), Jesus apresenta a parábola do semeador. Esta relata que um agricultor lançou sementes em diversos tipos de solo. A porção que caiu à beira da estrada, as aves comeram; a que caiu em solo pedregoso, por não haver terra espessa suficiente, logo brotou e morreu; a porção que caiu em meio aos espinhos gerou brotos que foram por estes sufocados. Foi somente a porção que caiu em solo fértil que brotou e produziu boa colheita. Ao final, Jesus encerra sua pregação com a citação: "Aquele que tem ouvidos para ouvir, ouça".

Nesta passagem, podemos interpretar que Jesus chamava a atenção para a necessidade de se procurar um entendimento mais aprofundado de sua palavra e do conhecimento sagrado. Notemos que em solo raso (conhecimento superficial) ou em meio aos espinhos (conhecimento completamente embotado por influenciadores externos), a semente (a busca), além de não se desenvolver, acabou morrendo. Foi somente quando as sementes foram lançadas em solo de camada mais espessa que as raízes puderam se aprofundar e dar sustentação à planta, que gerou farta colheita.

Jesus em Mateus 10:24-26 também parece instruir seus discípulos acerca da importância de buscar o conhecimento mais aprofundado das escrituras e de suas palavras:

> *Portanto, não temais, pois nada há encoberto, que não venha a ser revelado, nem oculto que venha a ser conhecido. O que vos digo às escuras, dizei-o a plena luz; e o que vos digo ao ouvido, proclamai-o dos eirados* (Mateus 10:24-26).

Outra passagem que o Mestre adverte acerca da importância de um maior entendimento da palavra está em Marcos 4:23-25:

> *Se alguém tem ouvidos para ouvir, ouça. Então, lhes disse: Atentai no que ouvis. Com a medida com que tiverdes medido vos medirão também, a ainda vos acrescentará. Pois ao que tem se lhe dará; e ao que não tem, até o que tem lhe será tirado* (Marcos 4:23-25).

Dessa forma, a segunda parte deste livro tem a tarefa de apresentar ao leitor a interpretação de algumas passagens da vida de Cristo durante seu ministério terreno, contadas nos evangelhos sinópticos de Mateus, Marcos, Lucas e João, de forma a demonstrar o conteúdo esotérico e espiritual mais profundo das palavras do Mestre.

Para tal, foram aplicadas chaves obtidas a partir de conhecimentos esotéricos e de tradições judaicas, cabalísticas, alquímicas, maçônicas, cristãs, gnósticas etc.

Sair da literalidade dos textos se configura como um importante passo para todo aquele que busca de coração sua transcendência espiritual, pois a evolução é um processo individual decorrente do estudo sincero, sem amarras, da contemplação das obras do Eterno e da meditação acerca de nosso papel neste plano.

Não digo aqui que a igreja, a religião, a figura do pregador, padre ou qualquer líder espiritual sejam fúteis e desnecessárias; ao contrário. Entendo que, em nosso plano, há pessoas dotadas de diferentes níveis de evolução espiritual e, para aquelas com menor capacidade de entendimento, é importante que haja um guia. Todavia, assim como o filhote de uma ave abandona o ninho quando aprende a voar, assim devemos ser.

O jugo imposto por líderes religiosos por meio de ensinamentos tabulados, textos dogmáticos, autoridade messiânica e carisma tem conduzido, ao longo dos séculos, a humanidade a guerras santas, disputas políticas, massacres, preconceitos e perseguições. Destaco aqui que os maiores genocídios da história foram justificados em função da fé e da religião, tais como: as Cruzadas (1096-1291), a Inquisição Espanhola (1478-1834), a Noite de São Bartolomeu (1572), as guerras religiosas na Índia Mogol (século XVII), a Revolução Taiping (1850-1864), o Holocausto (1939-1945) e conflitos no Oriente Médio (séculos XX e XXI), etc.

Apesar de trazer mensagens de grande valor e ensinamentos inspirados por Deus, a Bíblia (e estou me referindo a ela, pois é o livro base da maior religião ocidental) vem sendo usada como fonte inesgotável para manipulações maliciosas de raposas teológicas que apenas a veem como uma ferramenta de domínio das massas.

Além disso, devo lembrar (de forma bem simplista) que a Bíblia que hoje conhecemos foi originada a partir de duas versões ancestrais: a Septuaginta e a Vulgata. A Septuaginta foi escrita entre os séculos III e II a.C., sendo a primeira tradução do Antigo Testamento hebraico para o grego. Ela surgiu em Alexandria, no Egito, para atender às comunidades judaicas helenizadas, tornando os textos sagrados acessíveis a um público que não falava hebraico.

A Vulgata foi traduzida para o latim por São Jerônimo no final do século IV, decorrente de uma encomenda feita pelo Papa Dâmaso I, a fim de promover a unificação das diferentes versões latinas e torná-la acessível ao clero e aos leigos do Império Romano Ocidental.

Teologicamente, as duas traduções destacam a relação entre o Antigo e o Novo Testamento. A Septuaginta introduziu elementos interpretados pelos cristãos como referências messiânicas a Jesus, enquanto a Vulgata consolidou essas interpretações, alinhando-as com a tradição da Igreja no Ocidente.

Também tenho de ressaltar o papel que o Concílio de Niceia teve na formatação da doutrina cristã. Este foi realizado na cidade de Nicéia no ano de 325 d.C., convocado pelo imperador romano Constantino I; consistindo no primeiro grande concílio da história do cristianismo. Este evento teve por objetivo resolver conflitos e controvérsias teológicas e estabelecer a unidade da fé cristã, que estava em franca expansão no império romano. Ali, foram tratadas questões como: a natureza divina de Cristo (onde ficou determinado que Jesus era coeterno e consubstanciado a Deus), o estabelecimento da data da Páscoa (dissociando-a do calendário judaico e vinculando-a ao primeiro domingo após a lua cheia que segue o equinócio da primavera), a estruturação da igreja e demais questões hierárquicas.

Voltando um pouco no tempo, após a morte de Jesus, no início do primeiro século, diversas comunidades cristãs independentes se organizaram, localizando-se em Jerusalém, Antióquia na Síria, Samaria, Damasco (Síria), Corinto (Grécia), Éfeso (atual Turquia), Filipos (atual Grécia), Tessalônica (atual Grécia), Roma (Itália), Galácia (Ásia Menor), Colossos, Laodiceia e Hierápolis (Ásia Menor), Cesareia Marítima (Judeia), Chipre e Alexandria.

Contudo, apesar do mesmo credo, essas comunidades não seguiam exatamente a mesma linha de cristianismo, havendo entre elas diferenças nas práticas e ênfases teológicas, que eram influenciadas por suas origens culturais, geográficas e históricas.

Algumas dessas comunidades adotaram interpretações que mais tarde foram consideradas heréticas pela igreja oficial. Como exemplo, posso citar: o Arianismo (pregava que Jesus não era Deus e era subordinado a Ele); o Gnosticismo (mistura de conhecimentos gnósticos com cristãos que enfatizavam que o conhecimento individual é o verdadeiro caminho para a salvação); e o Ebionismo (acreditavam que Jesus era um profeta humano e insistiam na observância da lei judaica). Mais tarde, essas correntes seriam extintas no Concílio de Nicéia.

Além das diversas correntes do cristianismo, as comunidades cristãs também produziam seus próprios textos para serem lidos em reuniões e divulgados em pregações públicas. Nesta época, era comum entre essas comunidades a prática da "pseudonímia", ou seja, a elaboração e posterior atribuição da autoria de um texto a uma autoridade (tal como um apóstolo ou profeta) que não o havia escrito, com o objetivo de garantir peso teológico ao manuscrito e assegurar maior permeabilidade deste na comunidade.

E, dentro deste contexto, não me parece impossível que algumas dessas comunidades, ao escrever seus textos, possam ter inserido influências esotéricas, religiosas ou filosóficas características da região em que cada uma se localizava.

Além disso, com o intuito de atrair mais adeptos para integrar suas colunas de fiéis, é possível que esses evangelhos tenham sido escritos com figuras de linguagem e metáforas capazes de cativar a atenção do público-alvo.

Por exemplo, apesar de a astrologia no século I ser rejeitada entre os judeus na Palestina, como parte integrante do Império Romano, as elites e estudiosos mantinham contato com textos astrológicos, especialmente em cidades mais helenizadas, como Cesareia Marítima.

Portanto, é bastante provável que a astrologia tenha exercido algum grau de influência nas comunidades cristãs situadas em regiões como Grécia, Alexandria e Turquia durante os primeiros anos do cristianismo. Essas regiões eram fortemente influenciadas pela cultura helenística e pelas tradições místicas e filosóficas da época, nas quais a astrologia desempenhava um papel significativo; o que mais tarde pode ter sido absorvido em parte pela Igreja já consolidada sob a forma de sincretismo religioso.

Dada a grande quantidade de manuscritos em circulação e a diversidade de linhas teológicas do cristianismo, foram realizados os Concílios de Hipona (393 d.C.) e de Cartago (397 d.C.), nos quais foram escolhidos os vinte e sete livros que atualmente compõem o Novo Testamento, sendo reconhecidos como inspirados por Deus.

Quanto aos demais textos, estes foram retirados de circulação, declarados heréticos e seus seguidores perseguidos. Em diversas ocasiões, os textos apócrifos foram queimados e destruídos intencionalmente por incentivo dos líderes da igreja. Os gnósticos, por exemplo, foram massacrados durante o Cerco de *Montségur* (1243-1244), no sul da França. Nesse evento, mais de 200 cátaros foram queimados vivos por se recusarem a adotar a fé cristã estabelecida pela igreja. Todavia, alguns textos foram ocultados pelas comunidades consideradas "heréticas" e posteriormente encontrados, como os evangelhos de Tomé, Felipe e o Evangelho da Verdade, descobertos em Nag Hammadi no ano de 1945.

Dentro deste contexto, vislumbrando de forma pálida a história dos primeiros passos da formação dos evangelhos, defendo que não devemos nos limitar ao sentido literalista dos textos e nem mesmo encará-los como fatos históricos, pois me parece claro que estes podem ter sido, de alguma forma, em sua literalidade, adaptados, traduzidos de forma incorreta ou mesmo privilegiado certos interesses.

Entretanto, mesmo que tenha havido alguma interferência, por se tratar de documentos inspirados por Deus (assim como aqueles que foram rejeitados, pois a Verdade é única, ainda que observada sob diferentes perspectivas), suas essências sagradas permanecem intocadas nas entrelinhas, intencionalmente ocultadas para preservar a centelha divina de suas mensagens, protegendo-as dos maliciosos e despreparados (talvez prevendo a possibilidade de manipulação futura).

Durante a Idade Média, a alquimia era vista como uma ciência, e, sendo a Igreja a guardiã do saber da época, esta apoiava práticas alquímicas que contribuíssem para o avanço do conhecimento científico e espiritual. Muitos alquimistas eram monges ou clérigos, como os casos de Roger Bacon e Albertus Magnus, que combinavam em seus estudos alquimia com teologia e filosofia.

A alquimia, desde que vista como uma busca pela compreensão da criação divina e dos mistérios da matéria, poderia ser integrada ao pensamento cristão, desde que não entrasse em contradição com os ditames da Igreja.

Muitos textos alquímicos eram estudados e preservados em mosteiros e bibliotecas religiosas, e diversos teólogos reinterpretaram a alquimia sob a ótica cristã, vendo-a como uma metáfora para a busca da santidade. Algumas obras que mesclaram alquimia e tradição cristã são citadas: *Aurora Consurgens* (entre 1400-1450, Tomás de Aquino); *De Arte Chimica* (1200-1280, Alberto Magnus); *Opus Majus* (1267, Roger Bacon); *Splendor Solis* (1532, Salomon Trismosin).

Embora não haja evidências de que símbolos alquímicos tenham sido diretamente "enxertados" em textos bíblicos durante a Idade Média, eles podem ter influenciado as interpretações e comentários dos religiosos da época e, até mesmo, a arte religiosa. Essa influência foi sutil e muitas vezes simbólica, surgindo do ambiente intelectual e cultural que mesclava ciência, filosofia e espiritualidade. Situação que trazemos neste livro ao interpretarmos algumas passagens dos evangelhos sob o prisma desta ciência.

A verdade sobre o Cristo não está em um documento ou em um achado arqueológico, e nunca estará. Não há provas de sua existência terrena, nem é para haver, pois é assim que tem de ser. Às vezes, me deparo com líderes religiosos, pastores, padres, buscando na ciência provas incontestáveis da existência de Jesus e, sempre que vejo isso, me pergunto o porquê dessa busca. Por muitas vezes, nos evangelhos, o Mestre advertiu seus discípulos acerca de sua falta de fé; milênios depois, parece-me que muitos de seus "seguidores" ainda padecem deste mal.

Suponhamos que, em um dia qualquer, fosse encontrada uma prova incontestável da existência de Jesus, como, por exemplo, seu cartão de seguro social ou um documento de identidade. Pergunto ao leitor: isso faria diferença na sua fé? Como ficaria a fé dos cristãos em Jesus? Ela aumentaria ou diminuiria a partir do momento em que sua existência física fosse comprovada?

Carl Gustav Jung (1875-1961), um dos fundadores da psicologia analítica, acreditava que a fé genuína ajuda o indivíduo a se conectar com o seu "self" (essência central do indivíduo), o que é essencial para o processo de individuação e o desenvolvimento do pleno potencial humano. A fé consiste em um recurso importante que nos ajuda a lidar com nossos conflitos internos e desafios de nossa vida; sem ela, corremos o risco de perder nosso senso de significado, de importância no cosmos e cair no vazio da solidão existencial. Ela emerge de uma conexão profunda com o inconsciente coletivo e os arquétipos universais; é uma experiência interior que vai além do racional, surgindo da relação do indivíduo com o divino ou com os símbolos que representam valores transcendentes.

É óbvio que a fé, sem o discernimento proporcionado pelo estudo, torna o indivíduo facilmente manipulável, afastando-o ainda mais do caminho da Verdade e prendendo-o aos grilhões dos sofismas pregados pelos velhacos. Assim, a segunda parte deste livro apresenta interpretações de passagens dos evangelhos sinópticos, baseadas em conhecimentos de tradições ancestrais e filosofias ocultas, com o objetivo de oferecer ao leitor uma sabedoria alternativa, que incida sob o prisma de sua espiritualidade.

Esta 'tradução' tem como intuito trazer à luz mensagens espirituais ocultas nas entrelinhas dos textos analisados, de forma a potencializar seu conteúdo espiritual. Assim, pretendo, com este estudo, compartilhar com o leitor as conclusões a que cheguei ao remover os véus característicos de uma leitura superficial, casual e descuidada, que frequentemente tornam turvos os saberes ocultos que permanecem latentes, aguardando para serem descobertos, contemplados e incorporados pelo buscador.

É claro que, para o leitor usufruir do potencial que este livro oferece, será necessário abandonar preconceitos e dogmas que lhe foram incutidos na mente por meio do tradicionalismo religioso, tal como nos advertiu o Mestre Jesus em Mateus 9:17, Marcos 2:22 e Lucas 5:37-38: *"Nem se põe vinho novo em odres velhos; do contrário, os odres se rompem, o vinho se derrama, e os odres se perdem. Mas põe-se vinho novo em odres novos, e ambos se conservam"*.

Livro 1

א

Em busca do Aleph

Capítulo 1

O VERBO E A CRIAÇÃO: REVELAÇÕES SOBRE A ORIGEM DO TODO

Era época de Tishrei, e os doze, após uma longa caminhada vinda de Betel, sentaram-se e relaxaram às margens do Mar da Galileia. O dia estava se pondo quando se alimentaram e se acolheram ao lado do fogo. Em certo momento, o Mestre, ao terminar de tomar seu pão, notou que o mais novo dos doze não estava com os demais e resolveu procurá-lo.

Pouco tempo depois, viu-o sentado em uma rocha na base do monte. O discípulo, um dos mais amados pelo Mestre, olhava para o lago e admirava o reflexo do firmamento no espelho d'água. Foi então que um leve, porém firme, toque de uma mão sobre seu ombro esquerdo o tirou do transe.

— O que faz aqui isolado de seus irmãos? Não o vi comer entre eles. Por acaso há algo que o perturba? — disse o mestre, sentando-se ao lado do jovem.

— Não, Mestre, estou apenas apreciando a obra do Eterno. Todas as coisas do céu se refletem na água, tal como um espelho. Tu nos disseste que nossos sentidos são limitados e que nossa realidade é apenas aquilo que conseguimos entender por meio deles. Assim, fico pensando quão infinita é a criação do Senhor além do que não conseguimos compreender.

— Meu filho, o Eterno é a fonte criadora de todas as coisas manifestas e não manifestas. Ele criou o Todo a partir do Nada, criou o Caos e depois impôs Ordem. O Todo não pode vir do Nada, a não ser pelas mãos do Santíssimo.

E continuou o Mestre:

No princípio de tudo, havia apenas o "Não Ser", e todas as coisas não existentes ainda eram meras possibilidades.

Neste instante, o Mestre tomou uma pedra em sua mão e a lançou no lago, que afundou e formou pequenas ondas a partir de seu centro.

— Você viu o que fiz com a pedra?

— Sim, Mestre, você a tomou em sua mão esquerda e a lançou no lago.

— Pois assim era o Deus da Graça antes de iniciar a criação. O Eterno era estável, constante, infinito e indivisível, como o lago antes de receber o golpe da pedra. No entanto, para começar a sua Criação, o Divino, até então indivisível, separou de Si uma centelha única. Dentro desta, estava toda a dualidade potencial.

Todavia, a dualidade sem equilíbrio facilmente se transforma em caos e desordem. Foi aí que o Senhor dos Mundos adicionou sua Luz, e esta trouxe equilíbrio. A mônada fundamental estava criada. Contudo, para que o ternário se tornasse novamente um, deveria ser equilibrado pelo quaternário.

Vendo essa necessidade, o Inefável criou os quatro mundos iniciais: o da Emanação (Atzilut – אצילות), o da Criação (Briah – בריאה), o da Formação (Yetzirah – יצירה) e o da Ação (Asiah – עשיה), e atribuiu a cada um deles um elemento. Ao mundo da Emanação foi atribuído o Fogo, ao da Criação, o Ar, ao da Formação, a Água e ao da Ação, a Terra.

— Mas, Mestre, como se deu o princípio da Criação?

— Todas as possibilidades dispersas no Nada foram condensadas em um ponto único, formando o "ovo cósmico", o átomo inicial. Todavia, como uma semente que, para germinar, precisa da luz do astro-rei, o Fogo Divino incidiu sobre a mônada, que começou a se expandir. As partículas opostas se combinaram entre si e deram origem a mais partículas. Nesse instante, o Eterno criou a Lei da Dualidade, e o mundo da Emanação se formou.

Cada partícula possuía uma velocidade de vibração própria, que diminuía à medida que se afastava do princípio gerador inicial. O tempo ainda não existia, e os diferentes planos surgiram. O Supremo deu origem ao Mundo da Criação, que recebeu o elemento Ar. Foi aí que o Tudo surgiu do Nada e a potencialidade se converteu em princípio.

À medida que a vibração das partículas diminuía, a matéria tornava-se mais densa, até o estado totalmente sólido. O tempo, o espaço e o universo manifestado passaram a existir e a se relacionar. O mundo da formação foi finalizado, recebendo o elemento água.

O Todo e o Tudo foram formados, mas o caos ainda persistia. Para estabelecer a ordem, o Santíssimo concebeu o Mundo da Ação. Os princípios ativo e passivo foram separados, assim como a terra do ar e a água do fogo. E as partículas se densificaram, dando origem aos planetas sólidos e gasosos, bem como às estrelas e luzeiros.

Foi então criada a realidade dos mundos manifestados e não manifestados, e esses vieram da centelha divina emanada do Deus Vivo, do Senhor do Todo, do Deus Santo, do Eterno, que idealizou, concebeu, planejou e criou o Universo, tudo isso motivado pelo Amor. Pois, assim como a mulher se torna mãe ao dar à luz seu filho, o Divino só pode ser Deus por meio da criação. Da mesma forma que a mulher sente as dores do parto, o Eterno teve que deixar sua estabilidade, constância e equilíbrio e ceder uma parte de Si. Em ambos os casos, deve haver Amor. E todas as coisas que não eram vieram a ser a partir do Verbo emanado pelo Divino. O Nada tornou-se Tudo, o Não Ser em Ser, as possibilidades em princípios e o etéreo em matéria.

— Senhor, o que seria este Verbo que o Senhor dos Mundos usou para criar o Todo?

— O Verbo é o princípio, a manifestação da vontade criadora. Primeiro, há a intenção; em seguida, o desejo se converte em vontade de dar, que é lançada ao Universo por meio do Verbo. No entanto, para que as realidades sejam criadas, o Verbo deve ser seguido da Ação Planejada. A palavra é resultado da organização das letras que representam e materializam um pensamento, mas ela só se torna Verbo ao ser vibrada no Todo. Somente a partir desse momento o Verbo se torna realidade.

Antes de conceber o Todo, o Inefável criou o alfabeto com o qual materializaria seu pensamento, transformando-o em Verbo. Com este alfabeto, todos os sete princípios herméticos e todas as leis que regem os universos foram escritos.

Ao criar o Homem à sua imagem e semelhança, Deus compartilhou com Adam Kadmon sua língua, e ambos conversavam no Éden. Foi por meio do idioma divino que o Homem se comunicava com todos os reinos naturais: vegetal, mineral e animal, e a eles deu seus nomes. O Senhor dos Mundos transmitiu ao Homem a sabedoria das letras, em que cada uma possui um significado e um valor numérico.

Todavia, ao ser expulso do Éden, o homem não pôde mais se comunicar diretamente com Deus, e a natureza não o compreendia mais. Mas, em sua misericórdia, o Senhor admirou as virtudes do patriarca Abraão, que se dispôs a sacrificar seu único filho a pedido do Eterno. A ele foi conferida a palavra perdida e o conhecimento da Criação.

— Mestre, quais seriam então as letras que comporiam esta linguagem santa? – Perguntou o discípulo com um certo ar de confusão e curiosidade.

— O alfabeto sagrado é composto por vinte e duas letras, nem vinte e uma nem vinte e três, mas sim vinte e duas. Ele é formado por três letras mães, sete duplas e doze simples, resultando em vinte e duas.

As três mães são Aleph (a primeira), Mem (a décima terceira) e Shim (a vigésima primeira). A soma dessas é trezentos e quarenta e um (341), e elas correspondem aos elementos Ar, Água e Fogo. O Fogo é o princípio ativo, a Água o passivo, e o Ar é o mediador entre esses elementos. O ternário é o equilíbrio entre a unidade e a dualidade, entre a incerteza e a certeza. O Fogo, a Água e o Ar são os elementos originais da criação: a origem do céu é o Fogo; a da atmosfera, o Ar; e a da terra, a Água. O Fogo sobe, a Água desce, e o Ar é a estabilidade do firmamento. As três letras mães representam o físico, o astral e o psíquico; cabeça (Fogo), coração (Ar) e ventre (Água), assim como o mundo superior.

As sete letras duplas são: Beit (a segunda); Ghimel (a terceira); Daleth (a quarta); Kaph (a décima primeira); Pê (a décima sétima); Resh (a vigésima); e Tav (a vigésima segunda), somando setecentos e nove (709). O mundo intermediário é representado por elas. Com essas letras, o Inefável criou os sete astros principais: Beit-Mercúrio, Ghimel-Lua, Daleth-Vênus, Kaph-Júpiter, Pê-Marte, Resh-Sol e Tav-Saturno. Elas são as sete portas da percepção humana: dois olhos, duas narinas, dois ouvidos e uma boca. Suas vibrações, ao serem proferidas, podem ser tanto fortes e positivas quanto fracas e negativas, evocando as dualidades humanas: vida e morte, paz e desgraça, sabedoria e tolice, riqueza e pobreza, cultura e ignorância, graça e desgraça, poder e servidão. Elas também correspondem aos dias da semana e aos da criação.

As letras simples são: He (Áries); Vav (Touro); Cheth (Câncer); Teth (Leão); Yud (Virgem); Lamed (Libra); Num (Escorpião); Samekh (Sagitário); Ayin (Capricórnio); Tsade (Aquário); Qoph (Peixes) e Zain (Gêmeos). São doze, pois este é o número composto pela unidade e pela dualidade; elas correspondem às tribos de Israel. Elas representam o tempo no universo manifesto, o posicionamento das estrelas e os astros representados no zodíaco, as horas do dia e os meses do ano (Shvat, Adar, Nisan, Iyar, Sivan, Tammuz, Av, Elul, Tishrei, Cheshvan, Kislev, Tevet). Essas são as doze diretrizes do homem: os dois pés, os dois rins, o fígado, a bílis, o baço, o cólon, a bexiga e as artérias. Sua medida são as doze partes do mundo material: o Norte-Leste, o Sul-Leste, o Leste-altura, o Leste-profundidade, o Norte-Oeste, o Sul-Oeste, o Oeste-altura, o Norte-profundidade. É o fundamento do homem natural: a visão, a audição, o olfato, a palavra, o coito, a nutrição, a ação, o movimento, a cólera, a satisfação, o sono e o instinto.

O alfabeto do Supremo nos permite entender as relações entre as coisas dos mundos, pois tudo veio do "um" e se relaciona com Ele. Tudo o que Dele veio faz parte Dele e se relaciona com Ele. O tudo e o todo, o ser e o não ser vêm Dele e estão relacionados entre si; pois o Pai é o três, enquanto a Mãe é o quarenta e um; a união de ambos é Geração. O homem e a mulher manifestos são cinco, mas ao acrescentar o filho, tornam-se três, porque o três é o equilíbrio entre as coisas, o ponto entre os pontos, e a trindade das coisas que são e que serão.

Após essas palavras, o Mestre levantou-se, estendeu sua mão direita sobre a esquerda e puxou o discípulo do chão.

— Venha comer, sente-se com seus irmãos e tome sua refeição junto deles. Não te preocupes com aquilo que ainda não lhe foi revelado. Se queres conhecer o universo e toda a sua causa, deves primeiro alimentar-te e descansar.

E o Mestre e o discípulo sorriram e voltaram para o acampamento, enquanto o firmamento se refletia no lago. O discípulo havia escutado atentamente as palavras do Mestre, mas dentro de si, uma inquietude crescia. Ele ainda tinha muito a aprender, e o caminho diante deles reservava grandes provações.

O mestre sabia que o conhecimento teórico era apenas o início; a verdadeira sabedoria se forjava no fogo das experiências. O deserto, com suas areias implacáveis e ventos misteriosos, já os aguardava.

Capítulo 2

PROVAÇÕES NO DESERTO: O MESTRE E A JORNADA DA DUALIDADE

Em um dia do mês de Shevat, Satan (נֵטָשׁ) subiu à presença do Altíssimo para admirar o coro dos anjos que louvavam o Eterno. O Acusador, posicionado à esquerda do trono do Senhor, oposto a Metatron, apontou para baixo e disse ao Santíssimo:

— Vedes, meu Senhor, lá está o Teu servo. Ele vem do Oriente, onde foi instruído nos mistérios de Zoroastro; aprendeu a ler a Tábua de Esmeraldas e foi iniciado nos segredos de Elêusis, Ísis e Mitra. Ele segue para a Galileia, onde encontrará os seus em Cafarnaum.

— Sim, eu vejo. A centelha nele é forte e sua luz transpassa de Yerot a Aravot. Está a percorrer os trinta e dois caminhos, saiu de Malkuth e está rumando a Kether.

— Meu Senhor, envia-o para o deserto e faça com que seu espírito seja testado; mostre a todos que Ele é como Elias. Em breve, seu tempo na matéria estará cumprido. Merecerá tal Mestre sentar-se à sombra da árvore da vida e comer de seus frutos?

— Tão necessário quanto o intercessor é o acusador. Se assim o desejas, tens a Minha permissão. Cumpra a tarefa para a qual Eu o criei; todavia, não deves, tu ou os teus, atentar contra a vida, pois esta pertence somente a Mim, e apenas Eu tenho poder sobre ela.

O Eterno, então, designou Metatron para descer ao mundo inferior e ordenou ao Mestre que se dirigisse ao deserto. Para descer à matéria, Metatron teve de retornar como Enoque e se dirigir ao encontro do Mestre, que estava descansando embaixo de uma figueira.

Ao ver a figura de Enoch à sua frente, o Mestre caiu de joelhos, rasgou sua roupa até a altura do peito esquerdo, deixando-o nu, e disse:

— Vem até mim Enoch, o sétimo na linhagem de Adão, filho de Jared, pai de Matusalém, avô de Noé. Aquele que o Eterno poupou da corrupção da morte e fez conhecer os segredos dos sete céus para sentar-se ao lado direito de seu trono. Enoch, que veio a ser Metatron, o anjo mais próximo do Altíssimo, o Anjo Supremo, Divino Porta-Voz e mediador entre Deus e Sua criação. De peito nu e de joelhos, eis-me aqui ante a Sua presença.

— É o mais evoluído entre os homens e sua aura envolve o planeta. Ordenou-me o Eterno que te enviasse para o exílio do deserto e que permanecesses lá, onde passarias por provas e, se prevalecesses, serias aclamado nos sete palácios, sendo-lhe concedido o privilégio do conhecimento da palavra perdida.

Enoch pediu então que o Mestre estendesse o braço direito e abrisse a mão.

— Concedo-lhe, em nome do Santíssimo, este anel de ouro, no qual está gravado o selo de Salomão, o único homem sábio o suficiente para subjugar os setenta e dois demônios, incluindo Ashmedai. Este lhe trará proteção durante a noite, para que nada atente contra sua vida.

De joelhos, com a cabeça curvada em sinal de humildade e temor, o Mestre tomou o anel das mãos do anjo e colocou-o em seu dedo anelar direito. Em seguida, orou e agradeceu ao Supremo. Quando abriu os olhos, o anjo havia desaparecido. A noite caiu rápido, o Mestre fez uma fogueira com os galhos secos da figueira, aqueceu-se e dormiu sob as estrelas.

No dia seguinte, seguiu para o deserto da Judéia. Ao chegar lá, com o sol quente, procurou abrigo em uma caverna e passou a noite do primeiro dia. Na aurora, Satan veio até o Mestre sob a forma de uma serpente e deu-lhe um bote em seu tornozelo esquerdo.

— Maldita és tu, animal peçonhento, destinado a viver comendo o pó da terra; vá embora e me deixe em paz — disse o Mestre, tentando espantar a serpente, agitando um ramo de acácia.

— Não podes me afugentar, pois estou aqui em nome do Senhor. Vim para testá-lo. Tens sabedoria e entendimento acerca das coisas do espírito; mas estes lhe faltam em relação às coisas do mundo. A coroa é impossível de ser alcançada pelos homens, pois estes sempre estarão limitados pelas correntes da matéria. Em Kether não há tempo, nem espaço, nem forma, nem gênero, e toda a dualidade se converte em unidade.

— Tu me picou no calcanhar e seu veneno está fluindo pelo meu corpo. Temo que em breve morrerei e não poderei cumprir a tarefa confiada a mim por Elias.

Nestes dias que passarás aqui, eu o visitarei por três vezes. Para que vivas, deves passar pelos testes que lhe serão aplicados; caso contrário, morrerás pela ação do meu veneno.

Dito isso, a serpente deixou o Mestre e dirigiu-se ao deserto. O sol já havia se posto quando o Mestre fez uma fogueira para se aquecer e passar a noite; todavia, apesar da boa lenha, o fogo mantinha-se fraco. Assim, terminou o segundo dia.

No início do terceiro dia, o Mestre acordou com as dores do desconforto do pernoite e da ferida. A fome já o afligia, assim como a sede. Ao sair da caverna, encontrou sobre uma pedra uma farta refeição. Havia pães ázimos, azeite e uma bilha com água fresca. Certo de que este seria um dos testes da serpente, o Mestre ignorou os alimentos, sentou-se em posição de lótus e meditou. Veio então a serpente e, interrompendo a concentração do Mestre, disse:

— Vejo que não tocaste no alimento. Estás com fome e sede e não te alimentaste e bebestes.

— Devo me manter em jejum, pois, para manifestar-me no espírito, devo suprimir as necessidades da matéria. Assim, não tomei dos alimentos nem da água a mim oferecidos — disse o Mestre com a boca seca.

Foi então que a serpente tornou a falar:

— Havia um sábio que desejava compartilhar com o mundo a sua graça. Ele refletiu e orou por vários dias no intuito de achar uma forma para tal. Certa vez, ao meio-dia, o sábio recebeu a resposta para a questão que havia feito. Ele foi ao campo, cavou uma cova e plantou uma árvore. O tempo passou, a árvore cresceu e deu o mais doce dos frutos. Esses frutos eram doces como o mel, mas ninguém os colhia. Chegou o dia em que o fruto amadureceu e caiu ao chão, e como ninguém passou para tomá-lo, ele apodreceu e seus restos foram absorvidos pela terra.

Após o término da história, a serpente retornou ao deserto.

Ao final do dia, para se aquecer, o Mestre acendeu uma nova fogueira; contudo, apesar da boa lenha, o fogo ainda era brando. O sol se pôs e os luzeiros apareceram nos céus. A noite transcorria calma enquanto o Mestre dormia; todavia, o som do trotar de um cavalo o acordou de súbito.

Montado no animal, estava um leão segurando em sua mão direita duas serpentes sibilantes.

— Quem é você e o que faz aqui a perturbar meu sono? — disse o Mestre, levantando-se rapidamente e assumindo uma posição de defesa.

— Sou Orias, o quinquagésimo nono. Também sou conhecido como Oriax. Sou o governador das trinta legiões e conheço os segredos e as virtudes das estrelas.

— O que você faz aqui? Tem a intenção de me matar?

— Não posso lhe fazer mal, pois o anel que usas lhe protege. Está frio e fui enviado para lhe trazer uma coberta e bebida para que possa se aquecer, passar a noite e não perecer nela. Pois é verdade que quem ajuda o justo é colocado no caminho da virtude e tem direito a sentar-se abaixo da copa da árvore da vida. Há muito vago pelo deserto e desejo voltar a sentir o gosto fresco de sua sombra. Por isso estou aqui.

— Tal como disse à serpente, para se atingir o espírito, devo suprimir a matéria. Não posso aceitar o que me trouxestes.

— Seja feita, então, a tua vontade — disse o leão, cavalgando para o interior da caverna e desaparecendo nas trevas.

A noite passou, enquanto Vênus, aos poucos, era expulsa do firmamento para dar lugar ao Astro Rei. O Mestre acordou e se dirigiu para fora da caverna. Sobre uma pedra, havia um pequeno banquete composto por pão ázimo, azeite, uma bilha de água e uma porção de cordeiro assado com ervas amargas.

Já fazia onze dias que o Mestre havia iniciado o seu jejum; sua mão começava a tremer de forma incontrolável, provavelmente devido à fome e à sede. Foi então que, em um ímpeto, o Mestre derrubou os alimentos no chão e quebrou a bilha de água.

— Por que desperdiças alimento e água se tens fome e sede? Precisa a terra mais destes do que você? Não sabes que, quando fores, ela aqui continuará? Meditaste acerca dos ensinamentos contidos na história que lhe contei? Desvendaste os profundos níveis que ela encerra em si? — disse a serpente ao Mestre.

— Pois lhe digo, serpente, que o sábio que desejava compartilhar ao mundo sua graça é a figura do Eterno que, por amor, cedeu de si a centelha que deu origem à criação dos universos, representados pela árvore.

"O fruto é o Homem, o Adão Kadmon, a mais perfeita criação do Supremo Senhor. A sabedoria do homem perfeito era grande e este andava e conversava com Deus no mesmo idioma. Entretanto, para que o Homem pudesse exercer o seu livre-arbítrio, o Eterno teve de se afastar e apresentá-lo à árvore do conhecimento. Uma mãe que não dá liberdade ao seu filho não cria um filho, mas sim uma manifestação sua.

"Assim, o Homem teve de cair tal como a fruta da árvore. Contudo, assim como a fruta, ao apodrecer, tem os seus sucos absorvidos pela terra; assim é o Homem que, durante sua vida, iniciando na juventude, passando pela maturidade e encerrando na velhice, deve devolver para este plano o seu invólucro à medida que seu espírito volta a ser absorvido pelo Universo, até que um dia atinja o sétimo dos palácios, onde está o trono do Santíssimo".

— Os anjos do Senhor estavam certos quanto ao seu conhecimento das coisas. Não é à toa que seu nome ecoa entre os planos. Em seguida, a serpente tomou seu rumo e foi embora.

Sentindo-se entediado, o Mestre deixou a caverna onde passara a noite e empreendeu uma caminhada pelo deserto. Após algum tempo andando, encontrou uma estrada por onde passava um comerciante puxando uma pequena carroça carregada com alguns cântaros de vinho.

O Mestre não pôde deixar de perceber que o comerciante era velho e tinha grande dificuldade para puxar o carro. Lembrando o que o daemon lhe havia dito algumas noites antes, o Mestre desceu a colina e tentou ajudar o velho. Todavia, foi fortemente reprimido por ele.

— Vá embora, estás aqui para me roubar! Não preciso da ajuda de um estranho como você. Deixe que eu leve minha carga por mim mesmo. Este é o melhor vinho que alguém poderá beber e cabe somente a mim colher os lucros de sua venda; não repartirei com você uma caneca deste por ter me ajudado. Venho do Sul e rumo ao Norte, e lá enriquecerei. Suma daqui.

O Mestre, sem entender o que havia acontecido, fez a vontade do velho; subiu novamente a colina e sentou-se sob uma figueira para se proteger do sol enquanto assistia ao mascate empurrar sua carroça.

Todavia, sua atenção foi interrompida pelo som de gargalhadas. Estranhando a situação, pois até há pouco encontrava-se sozinho, o Mestre levantou-se e, ao seu lado esquerdo, havia um homem esguio com cabeça de coruja fazendo chacota do velho.

— És tu, então, o sábio sobre quem todos os setenta e dois estão comentando? Eu sou Amon e tenho o poder de ver as coisas que já foram e aquelas que ainda serão.

— Por que escarneces do pobre velho? Não vês que ele está sofrendo embaixo do sol para puxar sua carroça de vinho? Não lhes parece vil gozar do pobre?

— O velho vem do Sul e ruma para o Norte, mas não terminará a sua jornada; pois sofrerá dores no coração e perecerá antes de chegar ao seu destino. O vinho irá evaporar e sua carne servirá de pasto aos abutres. Ninguém sentirá falta dele. Tanto esforço, e para quê? Para nada! Isso não é engraçado para você?

— É uma criatura vil e má. Suas palavras demonstram o desprezo pela vida daquele homem; todavia, concordo que ele merece.

A maldade que reconheces em minha face nada mais é que o reflexo da tua; e a compaixão que julgas ter por aquele homem nada mais é que a tentativa de cobrir as transgressões dele. O homem é cego em suas limitações, não conseguindo percebê-las quando se olha no espelho; todavia, sábio é aquele que enxerga no outro as suas imperfeições e reflete acerca destas. Por que julgas ser tão diferente dele? Afinal de contas, não carregas sobre ti o fardo da certeza e das suas convicções inabaláveis?

O Mestre permaneceu em silêncio e voltou para sua caverna, deixando o daemon gargalhando do velho para trás. Novamente, acendeu o fogo para se aquecer, mas, apesar da boa lenha, este ainda queimava pouco.

Durante a noite, deitou-se uma mulher nua ao lado do Mestre de forma sorrateira. Seus cabelos negros e longos contrastavam com sua pele pálida; seus seios eram fartos e seu quadril largo. Os olhos estavam pintados de negro e sua boca era vermelha como a carne. Sentindo o calor da mulher ao seu lado, o Mestre acordou de ímpeto e ralhou:

— O que és tu e por que atrapalhas meu descanso? O fogo está se extinguindo e, se este acabar, morrerei e minha jornada terá sido em vão — exclamou, jogando mais alguns gravetos na mirrada fogueira.

— Estou aqui para satisfazê-lo. Já faz um longo tempo que você está exilado no deserto e nunca conheceu uma mulher — sussurrou, sentando-se ao lado do Mestre.

— Afasta-te de mim, mulher, não a tocarei, pois, se o fizer, irei pecar — bradou o Mestre, saltando para longe da concubina, para, em seguida, rasgar uma parte de suas vestes e jogar as cinzas da fogueira sobre sua cabeça.

Foi então que a mulher se transfigurou em um ser dotado de três cabeças: uma de homem, uma de touro e outra de carneiro, e possuía pés achatados de ganso.

— Eu sou o arquiteto do Templo de Salomão, o rei esquecido de Sodoma. Sou aquele que inspira as artes, a geometria, a astronomia e os ofícios manuais. Também sou a fonte dos desejos do homem e da luxúria.

— Tenho o anel com o selo de Salomão, que me foi dado por Elias; não podes fazer mal algum contra mim!

— Achas que não sei disso? Fui aprisionado e forçado a trabalhar para Salomão sob o jugo deste maldito anel. Não o matarei, pois não nos foi dada esta permissão.

— Meu espírito não sucumbirá às vossas palavras, tal como me impediu de deitar-me com a mulher.

— Seu espírito é forte e sua reputação transcende os níveis dos palácios celestes; todavia, não entendes a totalidade das coisas. Achas que o homem procura uma mulher somente para atender às suas necessidades luxuriosas? Vejo que ainda lhe falta um longo caminho para que compreendas o porquê de estar aqui. Desejo que o entendas antes que sucumbas no deserto.

Em seguida, um dragão entrou na caverna, o daemon subiu em seu dorso, dirigiu-se para fora e sumiu na escuridão, ao mesmo tempo em que o Mestre jogava gravetos secos na fogueira para mantê-la acesa.

Poucas horas depois, o dia amanheceu e o Mestre levantou-se e se dirigiu para o exterior a fim de tomar um pouco de sol. Contudo, como em outras vezes, havia sobre uma pedra um banquete composto por pão ázimo, azeite, uma bilha de água, uma porção de cordeiro assado com ervas amargas e um jarro de vinho.

Apesar da fome e da fraqueza começarem a interferir em seus sentidos, o Mestre deu as costas ao banquete e saiu para caminhar; precisava entender as aparições dos últimos dias. “Será que estou fazendo algo errado?”, indagava-se enquanto caminhava sobre o chão seco e infértil do deserto.

Já estava há algumas semanas no exílio e seus limites físico e mental estavam sendo postos à prova; todavia, julgava que nunca o seu espírito havia estado tão forte. Foram diversas as tentações pelas quais passou, sendo bem-sucedido em todas. Entretanto, ainda não havia sentido a presença do Eterno. Foi então que, de forma sorrateira e silenciosa, retornou a serpente e colocou-se a falar com o Mestre:

— Vejo que estás fraco, suas mãos e pernas tremem, seus lábios estão ressecados e seus cabelos começam a cair; mesmo assim, não provas do banquete que lhe é oferecido todos os dias. Achas que terás força para cumprir aquilo que foste destinado pelo Santíssimo? Desejas tanto perecer? Lembra-te de que meu veneno ainda está a correr pelas suas veias e somente a ti caberá o efeito que ele fará em teu corpo. Não tenho a intenção de matá-lo, mas apenas de desafiá-lo e depois instruí-lo. Assim ordenou o Supremo.

— Pode minha carne sofrer pela privação do jejum que me foi imposto; todavia, nem só de pão deve viver o homem, mas sim do seu espírito. Tal como os patriarcas ofereciam suas melhores ovelhas em sacrifício para o Senhor, ofereço a Ele a minha carne e o meu sangue.

A serpente fitou bem a fragilidade do Mestre e lhe disse:

— Te darei mais uma chance de entender a sua verdadeira missão, pois o Eterno me pediu para testá-lo. Entretanto, temo que você morra antes disso. Sente-se e escute.

Após o Mestre sentar-se sobre uma pedra, a serpente iniciou:

— Um sábio mestre, que estava viajando há dias, chegou a uma pequena vila de nome Basar. Lá, encontrou uma viúva e lhe pediu comida. Contudo, a mulher lhe disse que somente poderia oferecer água, uma vez que seus jarros de azeite estavam vazios e não havia o suficiente para fazer pão, apenas para manter acesas as lamparinas à noite.

O mestre aceitou o convite e foi à casa da mulher. Esta lhe deu de beber. O sábio fartou-se com a água e pediu para que pudesse ver um dos jarros de azeite. A mulher trouxe o jarro e o apresentou ao mestre. 'Tens somente este jarro em tua casa, mulher?' perguntou o mestre. A viúva disse que fora aquele, havia mais três jarros; no entanto, todos estavam vazios.

O sábio olhou para o fundo do jarro e havia menos de uma medida de azeite; abaixou-se, tomou o jarro em suas mãos e derramou seu conteúdo no chão. A viúva, em desespero, reclamou com o Mestre: 'Já havia pouco azeite e agora que jogaste na terra, não tenho suficiente nem para o pão nem para minhas lamparinas'. O mestre então respondeu: 'Traga todos os jarros em minha presença para que eu os cubra com um pedaço de linho branco cada um'.

Assim, os jarros foram trazidos ante o Mestre e havia quatro jarros cobertos por linho. No primeiro jarro, escreveu "esh" (שֵׁא fogo); no segundo, grafou "mayim" (מַיִם água); no terceiro, foi "avir" (אָוִיר ar); e no último, foi "adamá" (אדמה terra). Em seguida, disse à mulher: 'Agora, mulher, ide ao poço buscar água para refrescar-me e, depois, cozinhe pão para mim, pois o meio-dia está chegando e tenho fome'.

A viúva, sem nada entender, foi ao poço, encheu uma bilha com água e trouxe para o Mestre beber e se lavar. 'Vá e faça agora o pão e me traga de comer, pois tenho fome'. 'Mas, senhor, os jarros estão vazios e não tenho suficiente para cozer pão', disse a mulher. 'Tão vazio quanto os jarros está sua fé; pois foi o Senhor dos Mundos quem criou a lei universal de Amra e, como servo Dele, a estou cumprindo'.

A mulher, sem mais discutir com o Mestre, dirigiu-se aos jarros a fim de pegar uma medida de azeite para amassar e cozer os pães. Ao remover o linho sobre os jarros, todos estavam cheios de azeite, e era o melhor azeite de todos; era farto e puro. O número de jarros era quatro, e o azeite não acabava quando a mulher tirava uma porção do jarro. Uma medida era retirada, uma medida era reposta. Então, a viúva ajoelhou-se e deu graças ao Supremo; depois, preparou os pães e compartilhou com o Mestre, e estes comeram e se fartaram,

Ao terminar o conto, a serpente disse ao Mestre: Olhe no bolso de sua túnica e me mostre o seu conteúdo.

O Mestre esvaziou o bolso e havia algumas pequenas pedras.

— Coloque as pedras no chão e as separe em quatro pequenos montes, sendo cada um com o número de pedras referente a este — disse a serpente.

O Mestre então separou as pedras em quatro pequenos montes. No primeiro punhado, colocou apenas uma; no segundo, amontoou duas; no terceiro, despejou três; e no quarto, foram quatro.

Diga-me agora, qual é a relação entre a parábola e a ação que você fez agora.

Todavia, a serpente notou que o Mestre estava muito fraco e, talvez, não conseguisse cumprir aquilo que estava pedindo. Foi então que dois anjos desceram dos céus. Estes lavaram-lhe as mãos e o rosto e lhe deram de comer, pois ele iria morrer. Vendo que o Mestre estava com suas forças parcialmente recuperadas, a serpente voltou a ter com ele:

— Estás com meu veneno em suas veias; mas, não perecerás, pois tua tarefa neste mundo ainda não está completa. Há muito o que aprender acerca daquilo que o Senhor dos Mundos permite que você saiba. Não entendas isso como vitória, mas sim como uma derrota, pois não conseguiste entender as mensagens ocultas e os ensinamentos que lhe foram transmitidos nesses dias. A continuidade de sua vida neste plano nada mais é do que a privação das delícias que aguardam os sábios nos mundos superiores; pois a vida do sábio na matéria deve se extinguir quando ele se reconhece como tal.

Neste momento, os anjos retornaram aos céus.

— Não compreendo! Privei-me durante todos os dias e noites que aqui passei das necessidades materiais que me foram impostas. Procurei suprimi-las para tornar meu espírito puro e merecedor — disse o Mestre, ficando de joelhos.

— Meu caro, não se inicia a construção de um edifício pela sua cobertura, assim como não se chega a Kether sem partir de Malkuth e percorrer todos os trinta e dois caminhos. O Eterno, em sua sabedoria, ao criar o Homem perfeito, primeiro moldou-lhe da matéria, para em seguida lhe dar o sopro da vida. No tempo que ficastes no deserto, renunciou completamente às necessidades de sua carne e, por isso, quase morreu. Não há como atingir a plenitude permitida do espírito se descuidares completamente de seu corpo; pois o Senhor disse que este (o corpo) é o templo onde Ele habita.

O Mestre se levantou, tomou a bilha d'água que estava próxima a Ele e deu um longo gole enquanto a serpente continuava.

— Os potes de barro da viúva representam o homem, que, com o tempo, perde o contato com o Divino. Aos poucos, este consome o precioso azeite em seu interior, até que termine e acabe por perecer. Todavia, sem a existência dos jarros, o azeite não pode ser armazenado. O mundo em que hoje existes é material e denso. Cabe a você, nesta vida, procurar desvendar seus mistérios e encontrar a presença do eterno em cada molécula; pois o Criador sempre está refletido em sua criação. Se não entendes o básico que lhe cerca, como esperas acessar conhecimentos superiores? Se não compreendes o seu próprio corpo, como pretende entender os mistérios do espírito? Olhe agora para os pequenos montes de pedra que fizestes; que ensinamento estes lhes trazem?

O Mestre observou as pequenas pedras dispostas no chão e refletiu acerca do que a serpente lhe havia dito. Após algum tempo, olhou fixamente para a serpente e lhe disse:

— Encontrei a sabedoria encerrada naquilo que me disseste. Matéria e espírito, apesar de parecerem antagônicos entre si, na verdade não o são. Estes correspondem apenas a dois pontos opostos na escala de vibração do universo, e entre esses dois polos encontram-se milhões de escalas e modos de vibração.

Contudo, assim como a água que bebo precisa da bilha para contê-la, o espírito necessita da matéria para abrigá-lo neste plano. As pedras foram divididas em quatro grupos, ou seja, a mesma quantidade de jarros exposta na parábola.

Cada um dos montes, assim como os jarros, representa um elemento constitutivo da matéria: esh (fogo), mayim (água), avir (ar) e adamá (terra). Ao somarmos a quantidade de pedras, temos o número dez (10) que, ao ser reduzido, nos fornece a unidade, a indivisibilidade, a mônada essencial, o Eterno. Assim, a base da criação do Supremo, ou seja, o plano mais simples e óbvio por ele criado, é aquele em que existo, o material.

A serpente fitava o Mestre, enquanto este desfazia os pequenos montes formados e, com um pedaço de graveto seco, desenhou na areia um triângulo e nele dispôs as pedras em seu interior.

Figura 2 – Disposição das pedras feita pelo mestre

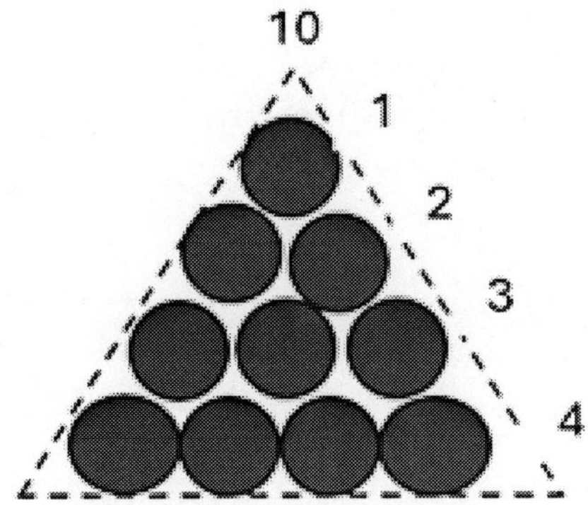

— Pois é somente por meio do entendimento da matéria e do alcance do equilíbrio entre esta e o espírito que podemos desvendar aquilo que nos é permitido compreender nesta existência. Devemos partir dos elementos e ascender até chegar à unidade, sendo a matéria, a cada nível, menos manifesta. Contudo, antes de atingir Kether, temos de entender Malkuth, acessar Yesod e, em seguida, prosseguir nossa jornada rumo à Consciência Universal.

Sua jornada neste mundo ainda é longa, mas o primeiro degrau da escada foi vencido. Ao aprendiz cabe a investigação dos mistérios da matéria, para somente após isso ser iniciado nos ensinamentos do espírito. O primeiro passo daquele que pretende alcançar a sabedoria é a prática da constância, do equilíbrio e da temperança, pois esta é a trindade sagrada básica daquele que anseia manifestar sua centelha. Agora, alimente-se com a comida que lhe foi dada, medite sobre o que lhe foi ensinado e desvende os mistérios daquilo que aqui viveste, pois nem tudo lhe foi revelado.

Dito isso, a serpente se retirou enquanto o Mestre tomava o alimento sobre a pedra. Em seguida, descansou em sua caverna e, no dia seguinte, voltou para a companhia dos doze.

Após todo o tempo de exílio, o deserto havia cumprido sua missão. O Mestre, que entrara como um homem, saía fortalecido como um guia de almas. Sua fé inabalável e seu espírito renovado indicavam que os ensinamentos sagrados não poderiam ser contidos apenas nele. Agora, era tempo de revelar ao mundo os dons adquiridos e compartilhar o que o Verbo sagrado lhe confiara. Os testes a que fora submetido por Satan não apenas purificaram seu corpo e espírito, mas também revelaram verdades profundas sobre a dualidade entre matéria e espírito.

Compreendendo que a verdadeira ascensão começa no mundo físico, ele partiu, não mais como um errante, mas como um guia de almas, com o olhar fixo em sua missão. Agora, ele estava pronto para compartilhar as revelações que o Eterno lhe confiara.

Capítulo 3

OS MILAGRES DO MESTRE: SONHOS E A CURA DA ALMA

Após o longo período de exílio no deserto, o Mestre seguiu rumo ao Mar da Galileia. Sua jornada o levou a uma pequena vila, onde buscava água e repouso. Agora, sua missão não era apenas desvelar os mistérios espirituais, mas também manifestar o poder da conexão entre o corpo, a alma e o espírito. A transformação que ocorrera em sua própria essência precisava ser partilhada com aqueles que buscavam entendimento.

Ao entrar na vila, bateu à porta de uma pequena moradia, feita com paredes de pedra e cobertura de madeira e palha. A casa era simples, porém escura, uma vez que havia poucos candeeiros a óleo. Uma mulher solitária abriu a porta e perguntou:

— Em que posso ser útil, estranho?

— Mulher, preciso de pouso, água e pão. Saí do Oeste e rumo ao Leste, passei pelo Norte e pelo Sul; venho do deserto, onde conheci as profundezas da terra e as maravilhas do céu, comi do pão da matéria e bebi do vinho do espírito. Estou exausto e sem forças para chegar ao meu destino, que é dar instrução aos doze que me esperam em Cafarnaum.

A mulher fitou o estrangeiro, olhando-o dos pés à cabeça, e viu que nele havia verdade e poder. Crendo que sua presença poderia ser uma bênção do Eterno, respondeu ao sábio errante:

— Sou uma viúva e vivo sozinha nesta casa. Há muito não converso com outra pessoa. Vejo que és um Mestre. A sabedoria emana de seu corpo, e não preciso ouvir suas proezas, pois aquele que realmente detém a verdade do espírito e da carne emana a áurea dos iniciados. Percebo verdade em você, mas para que seja fraqueado seu pouso em minha morada, terás de me prestar um serviço antes.

O Mestre, em silêncio, continuou a olhar para a mulher e acenou com a cabeça, indicando sua concordância com os termos.

— Senhor, há tempos minhas noites vêm sendo perturbadas por um sonho. Não ocorre uma noite sequer que este não preencha o meu sono. Já fui à sinagoga ter com os sábios e estes não me ajudaram. Consultei os astrólogos da Caldeia e estes nada puderam fazer. Fui ao Egito ver os magos iniciados nos mistérios de Hórus, Ísis e Osíris, e eles também não puderam me ajudar.

— Mulher, eu interpretarei o seu sonho. Não o farei pelo pouso, pela comida ou água que me ofereces, mas sim porque este é o desígnio do Santíssimo; pois tudo o que ocorre no mundo material nada mais é do que a reverberação de algo que teve origem no sutil. Minha presença aqui não é fruto do acaso, mas sim algo que já havia sido manifestado no universo imaterial desde o momento em que calcei minhas sandálias e deixei o exílio do deserto. Diga-me, mulher, qual é o sonho que lhe aflige e rogarei ao Santíssimo permissão para que eu possa desvendá-lo, pois, para que isso seja possível, tanto eu quanto você devemos ser merecedores perante Ele, e nada poderei fazer caso o Eterno decrete que não o sejamos.

— Estrangeiro, desde que meu marido morreu, todas as noites sonho que uma figueira é plantada por mim. Esta cresce com vigor, se desenvolve e gera frutos doces, colhidos pelas pessoas e, aqueles que caem, são comidos pelos animais. O tronco da figueira é grosso e resistente; suas raízes são magníficas e se espalham por todo o solo. Entretanto, após uma chuva intensa, as raízes se enfraquecem, o tronco perde sua robustez, as folhas secam e as pessoas que comem dos frutos morrem ou ficam enfermas. Em seguida, a árvore começa a arder em fogo, sem que ninguém o tenha ateado nela. Em poucos instantes, a figueira, outrora rica e saudável, se transforma em cinzas.

O Mestre, após ouvir o sonho da viúva, pediu-lhe um pouco de água. Lavou o rosto e as mãos; em seguida, ajoelhou-se e pediu ao Eterno permissão para interpretar o sonho da mulher. Assim, permaneceu por um tempo equivalente a trinta e dois períodos e, depois, por mais setenta e dois. E foi somente quando o Mestre chegou ao décimo e ao vigésimo sexto período que ele disse:

— O Altíssimo, Senhor do Universo, fonte primária, eterna e indivisível de todas as coisas, concedeu-me a permissão e o discernimento. O sonho é o instrumento que nosso Mestre interior utiliza para se comunicar conosco.

É pelos sonhos que somos advertidos por meio de imagens que, a princípio, não parecem fazer sentido. Pois é durante o sono que nosso espírito tem a permissão de se libertar por um instante. O sonho não provém da racionalidade humana, mas tem origem no santo dos santos de sua mente, local onde a Shekinah se manifesta.

Assim, a interpretação dos sonhos não é possível para bruxos, magos, astrólogos, demonistas ou feiticeiros, mas para todo aquele que atingiu o topo da escada infinita; pois quanto mais próximo do fogo estamos, mais sentimos sua energia e mais este nos aquece.

E continuou o Mestre:

— Antes da criação da existência, era o "não ser" e o nada ainda não existia; pois o tudo ainda não havia surgido. Foi somente pela mente do Supremo que o "não ser" passou a ser e o que ainda não havia existido passou a existir.

O Eterno emanou, concebeu, criou, formou e preencheu todos os jarros com sua Consciência Primordial. O ser e o existir nada mais são do que extensões da Mente Cósmica do Uno. A partir do momento em que fomos criados à imagem e semelhança do Eterno, também somos a Consciência Primordial de nosso microcosmo e temos o poder de criá-lo pela nossa mente.

Entretanto, é sabido que tudo aquilo que existe em cima existe embaixo, e a nossa mente nada mais é do que o espelhamento daquela que conosco coexiste, todavia em outro plano. Assim, a realidade material que experimentamos nada mais é que o reflexo daquela determinada em cima e não há como dissociar uma da outra; quanto mais distantes estamos do foco gerador, mais turva e distorcida será a emanação que nossa mente irá captar.

A figueira com a qual sonhas com frequência é a representação de tudo isso. As raízes, que ficam escondidas sob a terra, influenciam o desenvolvimento e o crescimento da árvore. Estas são as imagens das influências ocultas da consciência que habita os planos superiores, que são invisíveis, mas induzem nossa mente material. Raízes saudáveis permitirão árvores vigorosas e seus frutos serão fartos e adocicados. Raízes doentes inevitavelmente trarão doenças e frutos podres para a figueira. O tronco é o resultado observável do estado em que se encontram as raízes, enquanto os frutos são a manifestação da saúde do tronco. É assim que tudo se manifesta.

Nossa realidade é formada pela nossa mente, fortemente suscetível aos demônios ou anjos que voluntariamente buscamos no plano superior. Se a sua figueira se encontra doente e seus frutos não são consumidos nem pelos vermes, jogue-a ao fogo e busque nova semente. Em seguida, as cinzas deverão ser lançadas ao vento, que levará consigo tudo o que foi consumido. Pois o universo criado pelo Santíssimo é dividido em superior e inferior, tal como seu correspondente denso, o corpo do homem.

O microcosmo inferior são os órgãos responsáveis pela digestão e excreção e estão ligados à matéria e à recepção das energias telúricas. O coração é o lar das emoções, os pulmões trazem para o corpo a energia vital dispersa no ar e o cérebro é a morada da mente, onde habita a centelha divina; e estes fazem parte do microcosmo superior. A mente é indissociável do corpo. Essa é a mensagem que o Senhor me pediu que revelasse a você.

Após as palavras do Mestre, a viúva meditou por alguns instantes e, com um sorriso no rosto, convidou-o para entrar. O Mestre bebeu água, tomou do pão e teve um repouso revigorante, enquanto todos os candeeiros transbordantes de azeite iluminavam os aposentos.

No dia seguinte, Vênus ainda dava as boas-vindas a Apolo enquanto o Mestre abria a frágil porta de madeira da casa da viúva. Além do descanso, a mulher lhe havia dado provisões de pão e água para que pudesse se alimentar durante sua jornada rumo a Cafarnaum. Porém, um homem chamado Schlomo ben Yossef tocou as costas do Mestre, interrompendo sua caminhada, e disse:

— Não pude deixar de notar que sua sabedoria auxiliou a viúva que agora está em paz. Meu filho está enfermo e nenhum médico desta vila quer atendê-lo. Dizem que mereço este flagelo, já que sou um publicano e ninguém gosta de mim. Sou um homem justo e sigo os mandamentos do Senhor e, apesar de dar gordas ofertas na sinagoga, não sou bem recebido lá para as cerimônias do Shabat.

O homem, em prantos, ajoelhou-se aos pés do Mestre, rasgou suas vestes e suplicou:

— Senhor, vejo em ti a compreensão e a sabedoria que somente emanam dos iniciados que estão próximos da coroa. Por isso, lhe peço para ires ver o meu filho. Por favor, diga ao Santíssimo que, caso seja de Sua vontade, eu darei minha vida em troca pela do meu menino.

— Publicano, percebi sua aproximação assim que senti minha energia ser atraída por ti. Não pode o filho pagar pelos pecados do pai, assim diz a Torá. Leve-me à sua casa e pedirei ao Altíssimo que Ele conceda permissão para que eu trate o seu varão.

O homem levantou-se, enxugou as lágrimas, colocou suas vestes e guiou o mestre até sua casa.

— Homem, por que todas as cortinas e janelas da casa estão fechadas? Abra-as imediatamente, deixe que a luz dissolva toda a escuridão. Deixe que o vento que vem do Oriente passe pela porta e saia pela janela rumo ao Ocidente. Permita que toda a força vital que impregna a atmosfera entre pelos pulmões de seu filho e irrigue todas as células de seu corpo. Lave o rosto do menino com água limpa e dê-lhe de beber por três vezes três; em seguida, embeba o pão no azeite, dê-lhe de comer e saia.

Schlomo ben Yossef cumpriu todas as ordens sem contestar. O Mestre chegou próximo à cama onde jazia o garoto, colocou sua mão direita sobre o coração e o dedo indicador no meio da testa do menino e orou, pedindo a permissão de curar a criança ao Altíssimo.

Era quase meio-dia quando o Mestre orou ao Senhor e não havia mais trevas na casa; o ar era puro e cheio de vida. E todos os enfermos, os coxos, os cegos, os tomados pelo demônio, que moravam até sete distâncias da casa, foram curados pela força vital invocada pelo Mestre. Todas as pessoas saíram de suas moradas e se dirigiram à casa de onde vinha a energia sentida e, em poucos instantes, uma multidão se reuniu. Foi então que a porta se abriu e o Mestre chamou Schlomo ben Yossef para dentro.

— Homem, onde está seu filho outrora enfermo? Pois a luz, a água e o ar purificaram esta casa. O Altíssimo viu como verdadeiro o seu desejo de dar sua vida em troca de seu filho e seu carma foi pago. Pois tudo no universo é equilíbrio e todas as coisas tendem à evolução, todavia, quando as forças vitais estão em conflito, estas se refletem neste plano sob a forma de enfermidades.

O garoto se sentou à beira da cama enquanto seu pai o abraçava fortemente. O Mestre, sentindo que sua tarefa havia sido cumprida, abriu a porta da pequena casa e se dirigiu para fora sem olhar para trás. Em frente ao casebre, encontravam-se cerca de cinquenta pessoas que esperavam sua saída. Todos estavam maravilhados com o ocorrido e olhavam, cada um, para seus braços, pernas, olhos, ouvidos, bocas, narizes e mãos, outrora doentes, e que agora se encontravam curados. As pessoas ajoelhavam-se no chão e oravam agradecendo ao Eterno; entretanto, o mais velho dentre as pessoas disse ao Mestre com ar de desconfiança:

— Estrangeiro, como podes tu interceder junto ao Santíssimo para conceder graça ao filho de um publicano? Não vês que este homem não é bem-quisto nesta vila e a doença que se abateu sobre seu varão nada mais é do que o castigo imposto por Deus? Como posso crer que não és uma ferramenta do maligno para nos confundir em nossa comunhão com o Senhor? Explique-se.

— Vejo que és o mais velho desta cidade; contudo, pelo que falas, não és o mais sábio. Se o Eterno julgou o publicano digno de tal graça, quem sou eu ou você para irmos contrários aos seus desígnios? Aquilo que tens como milagre nada mais é do que a manifestação das antigas leis naturais que desconheces por completo. Todos somos a extensão do Sagrado; ele é Uno e nós somos suas emanações no mundo inferior. Assim, em verdade vos digo, velho, aquele que é contra a criação é contra o Pai. Se destratas a obra do Criador, estás te pondo contra Ele. Se julgas a obra do Santíssimo, também o estás julgando. Pois o tudo e o todo são manifestações da Consciência Universal expandida.

E continuou o Mestre a falar:

— Velho, sendo o Eterno a fonte geradora de todas as coisas manifestas e não manifestas, visíveis e invisíveis, perceptíveis a nós ou não, crês realmente que algo imperfeito possa ser concebido por Aquele que emana a perfeição? Acreditas que haja algo nos mundos que possa fazer frente ao Supremo Arquiteto? Pode o grão de areia lutar contra o movimento harmônico das marés?

Se o Supremo é único, acreditas haver outra força que se oponha à sua existência? Pois vos digo, ancião, o Eterno, ao criar os mundos inferiores, também deu origem à dualidade; assim foram criados o macho e a fêmea, o passivo e o ativo, o em cima e o embaixo, o negativo e o positivo, a luz e as trevas, o bem e o mal.

Todavia, nas realidades mais sutis, a dualidade não mais existe e tudo o que passa a haver é o Todo. O que você chama de bem e mal nada mais são que pontos opostos na escala cósmica do espírito; tal como o calor e o frio são pontos opostos na régua das estações. Acima de Kether, o princípio e o fim são iguais e o meio não existe.

Mestre, o que podemos fazer para nos livrarmos da perdição? — disse um jovem artesão vestido com seu avental branco de pele de cordeiro e com suas ferramentas em mãos.

— Por que achas, aprendiz, que estás perdido? Não é o Pai Eterno onipresente e onisciente? Achas que podes escapar ao foco de seu olhar? Pois é verdade que o pastor mantém sempre perto de si suas ovelhas e não há para onde estas vão que Ele não as observará. Em verdade vos digo, aprendiz, não há força grande o suficiente para quebrar o cordão que une o Senhor dos Mundos aos seus filhos.

O Mestre continuou a falar ao aprendiz:

— E havia um pai que amava muito o seu filho. Em certo dia, o pai chamou o varão, deu-lhe uma pequena bolsa de couro com 40 moedas de prata dentro e disse para que este deixasse o lar e procurasse terras férteis e não ocupadas, e que nessas ele pudesse estabelecer-se, criar família e enriquecer. O filho, a princípio, discutiu com o pai e não aceitou a ordem. *Meu amado, o filho é uma parte do pai e não há maior demonstração de amor do que libertar seu rebento de sua proteção; pois, caso contrário, não estaria o pai criando um homem, mas sim oferecendo sua melhor ovelha aos lobos. Ide, procurai, frutificai e prosperai; que sua vitória seja o reflexo do amor que estou hoje demonstrando por ti*, disse o pai ao seu filho.

E após 33 anos, o filho retornou ao lar e, com ele, havia servos, animais, quatro esposas e riquezas. O pai, com enorme felicidade por receber o filho de volta, mandou matar 12 cordeiros que foram servidos no festim realizado ao anoitecer. E o pai disse ao rebento: *Vejo que te tornaste rico e prosperou; vejo suas esposas, animais e servos, todavia, não vejo seus filhos.*

O filho, após beijar as mãos envelhecidas e gastas de seu genitor, respondeu: *Meu pai, foste sábio na época em que me mandaste embora, e só há poucos anos entendi a sua lição. Como vês, tenho muitas esposas e com cada uma tive três filhos. Quando estes se tornaram Homens, também os mandei embora de casa e dei a cada um 40 moedas de prata, tal como fizeste comigo. E estes progrediram e não são apenas donos de terras e senhores de escravos e animais como eu, mas cada um é líder de sua própria tribo. E graças à sua sabedoria, eu prosperei, assim como prosperaram meus filhos e assim prosperarão os filhos de meus filhos e todas as gerações carregarão dentro de si a causa principal de sua prosperidade, a centelha de sua sabedoria ao me mandares embora de casa. E, como hoje retorno para abençoá-lo e demonstrar minha gratidão, assim esses também o farão.*

Após sua fala, o varão ordenou que seus servos entrassem na tenda onde festejava com o pai. Eram ao todo quarenta servos, cada um com um baú contendo moedas de ouro. Estes foram os presentes que o filho ofertou ao pai, o qual, com grande felicidade, os aceitou.

Pois lhe digo, aprendiz, e preste atenção no que irei lhe dizer, pois comunicarei uma sabedoria que tive de passar por diversas iniciações para obtê-la. Para seres salvo deves multiplicar os talentos dados a ti pelo Pai e, para que isso seja possível, lembre-se sempre de seus deveres: trabalhe incansavelmente, lembre-se de que tanto o caminho do pilar esquerdo quanto o direito conduzem ao Eterno; todavia, o caminho do meio sempre será o mais curto e, por fim, torne-se ao mesmo tempo homem e mulher.

Ao terminar sua fala, o Mestre tomou a estrada e rumou para Cafarnaum. Era meio-dia quando ele terminou de falar com a multidão. Nessa hora, não havia sombras, pois a luz do sol estava plena na superfície da terra.

Os milagres realizados pelo Mestre não eram apenas demonstrações de poder divino, mas expressões de uma verdade mais profunda. No entanto, o povo ainda precisava compreender os mistérios que transcendem o mundo visível. O Mestre sabia que, para guiá-los plenamente, não bastava apenas curar seus corpos e iluminar suas mentes. Eles precisavam de algo maior — uma transformação interna, um entendimento da harmonia universal que uniria o físico e o espiritual, o finito e o infinito.

Às margens de um riacho cristalino, a cerca de algumas horas da vila que havia deixado, o Mestre voltou a se encontrar com seus discípulos. Agora seria o momento de compartilhar com eles o maior conhecimento que havia adquirido em suas provações até aquele momento.

Capítulo 4

REVELAÇÕES SOBRE CORPO, ALMA E ESPÍRITO

Após deixar a vila e seguir seu caminho rumo a Cafarnaum, o Mestre fez uma breve pausa às margens de um riacho cristalino, onde encontrou os doze. O local, tranquilo e cercado por árvores, parecia o cenário ideal para que ele compartilhasse novos ensinamentos com seus discípulos, que haviam se reunido ao seu redor e já sentiam falta das palavras do Mestre.

A aura de mistério e reverência impregnava o ambiente, como se o próprio riacho fluísse para conduzir as palavras do Mestre diretamente aos corações de seus ouvintes. Ao som das águas, ele se preparou para guiá-los por um caminho de compreensão espiritual. O ambiente sereno refletia a harmonia entre o visível e o invisível, e a verdade que estava prestes a ser revelada iluminaria os corações daqueles que o seguiam.

Após acender a fogueira para passar a noite, um dos doze, o mais amado entre todos, indagou ao Mestre:

Mestre, falas e instruis muito sobre os mistérios do corpo, da alma e do espírito, mas sou muito simplório para entender a plenitude de seus ensinamentos. Não compreendo a diferença entre alma e espírito. E, se o espírito é eterno, para onde vai depois que morremos?

O mestre então levantou-se da rocha em que estava sentado, tomou uma caneca de barro e convidou o discípulo a ir com ele às margens do riacho caudaloso. Ao chegarem, o sábio mergulhou a caneca de barro nas águas e mostrou-a ao discípulo.

Meu amado, o que vês em minha mão direita?

Mestre, vejo que seguras uma caneca de barro com água, somente isso.

Tendo ouvido com atenção a resposta do discípulo, o Mestre concentrou toda a sua força na mão direita e esmagou a caneca, que se quebrou em cacos. A água nela contida caiu no riacho e foi levada pela correnteza.

O discípulo, vendo a cena, ficou preocupado e, ao mesmo tempo, espantado com a atitude do Mestre. *Será que disse algo que desagradara ao Mestre?* perguntava-se.

— Meu irmão, não te preocupes, pois nada de errado fizeste. Se desejas atingir a transcendência, deves perguntar como as crianças, refletir como os idosos e agir com o vigor dos jovens. A caneca de barro é o nosso corpo, feito da matéria esculpida pelo Santíssimo. A água é o espírito que o preenche. Quanto mais limpa esta for, mais ela refletirá a luz que do Senhor emana. Ao cair do céu, a água enche os rios e encharca o mundo com vida e pureza. Todavia, apesar de nosso invólucro ser transitório, o espírito que nele habita é eterno. Ao se quebrar, o corpo liberta o espírito que volta ao rio e depois para o céu. A caneca contém a água, mas não é o rio.

— Mas, mestre, o que seria a alma?

A alma é o formato da caneca, o quanto se consegue armazenar de água dentro dela. A água toma a forma do recipiente que a contém e tem o volume que cabe dentro da caneca. Sem a água, a caneca se torna apenas um objeto vazio e sem serventia. Contudo, uma caneca pequena é insuficiente para saciar a sede e pouco uso tem. Portanto, quando nosso corpo se desfaz, o espírito volta à sua fonte, tornando-se novamente parte do Divino. Assim como a água se integra à correnteza do riacho, nosso espírito retorna ao seio do Criador, para que um dia novamente seja precipitado na terra e encha outra caneca.

E finalizou o Mestre:

— O espírito é imortal; todavia só atinge a ventura celeste quando se torna perfeito; e para consegui-lo, frequentemente é obrigado a preencher diferentes corpos.

Dito isso, o mestre se recolheu e deixou o discípulo em meditação.

No dia seguinte, ainda pela manhã, dois discípulos trouxeram à força um fariseu que estava espreitando o acampamento. Eles levaram o homem ao Mestre, imobilizado com cordas, e gritaram para os demais discípulos:

Acordem todos! Pegamos um fariseu de surdina nos espionando! Possivelmente, ele iria nos difamar e jogar o povo contra nós! Vamos castigá-lo para que aprenda a não mais nos molestar! Acordem todos!

Os captores arrastaram sua presa e jogaram-na aos pés do Mestre. Este, ao olhar para tal situação, perguntou aos discípulos:

— O que fez este homem para ser tratado dessa forma? Por acaso roubou, matou ou descumpriu a lei?

— Não, Mestre, ele estava perambulando próximo ao nosso acampamento, provavelmente para nos difamar e delatar — disse o mais baixo e raivoso dos dois.

— Pois, em verdade, vos digo: não é digno o filho de usufruir das posses de seu pai? Por que este homem, sendo filho do Senhor, não poderia andar por suas terras? Desamarrem-no e dai-lhe de beber e comer.

Após os discípulos cumprirem, insatisfeitos, as ordens dadas, o Mestre perguntaram ao prisioneiro:

— Fariseu, o que você está fazendo aqui? Por que estava nos espreitando?

Mestre, tenho ouvido muito a respeito de sua sabedoria e desejei conhecê-lo; entretanto, não tive coragem de ir até você; foi então que os seus me capturaram.

— E por que tiveste receio de vir a mim? Não somos, pois, filhos do mesmo Pai?

— Sim, Mestre, mas sei que sou um fariseu, um doutor da lei, e temi ser punido pelos meus pares e pelos seus.

— Meu irmão, a diferença que nos separa é a mesma que também nos une. Cada um de nós segue caminhos diferentes, mas o nosso destino é o mesmo: o retorno ao Pai. Tu confias na integridade da lei de Moisés, eu prego o amor de Rute. Tu chamas o Eterno de Deus, eu o chamo de Pai. Tu acreditas que o templo deva ser erguido com pedras e argamassa, eu prego que este deva ser construído com fogo e sangue. Crês que o Supremo se manifesta no Santo dos Santos sobre a arca da aliança, eu creio que Ele se manifesta nas flores que crescem entre os rejuntes dos grossos blocos que pavimentam o templo. Admiras os doutores da Torá e os estudiosos, eu invejo os pássaros que têm o bastante para viver e cantam louvores ao Senhor. Acreditas que o dinheiro traz riqueza e conforto para quem tem, eu creio que o dinheiro deva trazer dignidade para quem não o tem. Crês na vinda do Mashiach e na libertação que este trará ao povo pela espada e que subjugará nossos conquistadores.

Eu não sou o Messias e, ao invés de espada, trago a palavra; ao invés de subjugar os inimigos, aconselho a dar amor a eles. Pois eles podem ter poder sobre meu corpo, mas em relação ao meu espírito, este pertence ao Eterno e não há como aprisioná-lo.

Acredita-se que sacrifícios devam ser feitos para pedir o perdão de Deus; eu creio que basta apenas verdadeiro arrependimento e humildade. Pregas que a Pessach é a libertação do povo do jugo do Egito. Eu creio que Pessach simboliza a preocupação que o Eterno tem com os fracos e que a luz sempre prevalecerá sobre as trevas. Achas que os leprosos, os coxos e os doentes são impuros? Eu acredito que são bênçãos que o Supremo nos dá para que possamos exercer nosso amor e caridade.

Você prega para os sábios do templo; eu prego para o povo que precisa da mensagem, assim como o enfermo que necessita do unguento. Achas que devo ser perseguido por estar indo contra a lei da Torá? Eu vos digo: não vim abolir a lei, mas sim fazer com que todos nela encontrem refresco em vez de culpa.

Acreditas nos rituais que performam os sacerdotes? Eu creio que não há intermediários entre o homem e o Eterno. Valorizas os discursos e os sermões proferidos pelos sábios; eu prefiro a oração silenciosa ao lado da cama.

Vide, meu amado, pois em verdade vos digo que o caminho que tomamos, apesar de distinto, caso haja fé e atitude espiritual, nos conduzirá ao Eterno e, mesmo discordantes, nos veremos novamente nos planos sutis. Contudo, se a verdade não fizer parte do caminho, qualquer que seja, este não chegará com êxito ao fim da jornada. Pois vos digo, procurar é achar e achar é procurar. Agora, sentemos e tomemos o desjejum juntos.

O Mestre chamou os demais discípulos e todos compartilharam do pão e do vinho ofertados, inclusive o jovem fariseu.

A profundidade das palavras do Mestre deixou os discípulos em meditação. Cada um sentia que algo dentro de si havia mudado, como se mais um véu tivesse sido rasgado. Mas o Mestre sabia que sua missão não estava completa. A humanidade, sedenta de conhecimento e luz, aguardava por suas palavras. Ele precisava falar ao povo, ensinar o que estava além dos olhos e mostrar o caminho da verdadeira sabedoria. O Mestre não sabia, mas sua jornada o conduziria a Aleph.

Capítulo 5

PALAVRAS DE VIDA E LUZ PARA A MULTIDÃO

Após finalizarem o desjejum, o Mestre pediu aos seus discípulos que se sentassem em círculo, de forma que todos ali eram iguais.

— Hoje, cada um de vós deverá, em dupla, ir às cidades próximas para anunciar que, daqui a sete dias, ao meio-dia, explicarei os ensinamentos que me têm sido revelados pelos mensageiros do Eterno em meus sonhos. E todos compartilharão do pão e do peixe que sairão de minha boca. Pois em verdade vos digo que o alimento que vem do Santíssimo é como o grão que nunca fermenta, pão que não embolora e carne que nunca apodrece. Ele nos dá de comer com seu amor e sacia nossa sede com sua luz. Pois a sabedoria que vem do Supremo é pão que, contido na cesta, se multiplica no reino e dá sustento a todos que o digerem com o coração.

— Mas Mestre, as pessoas têm seus ofícios, obrigações e impostos para pagar. Por que crês que elas virão?

— Por acaso é preciso persuadir aquele que tem sede a beber, ou o faminto a comer? Despreza o doente o remédio quando lhe é ofertado? Nós ofereceremos o maior dentre todos os banquetes, e todo aquele que tem fome e que dele queira se fartar aceitará a vossa convocação.

Após dizer estas palavras, o Mestre abriu sua sacola e dela tomou seis pães; em seguida, deu um para cada dupla e disse:

— Tome o pão e, para cada pessoa que se regozijar e aceitar o convite, dê-lhe um pequeno pedaço e voltem apenas quando este tiver acabado, pois a quantidade de pessoas que virá será a mesma dos pedaços que compartilharão. Agora vão.

Os discípulos, mesmo incrédulos, rumaram em duplas para o norte, para o sul, para o leste, para o oeste, para cima e para baixo. Todos os que foram convidados receberam um pequeno pedaço de pão, tal como ordenado.

No dia sete, ao meio-dia, a multidão que se reuniu ao redor do Mestre era de cinco mil pessoas, nem uma a mais, nem uma a menos. Todos carregavam consigo, na mão direita, o pequeno pedaço de pão que haviam recebido. E o pão estava fresco e sadio, como se tivesse sido recém-cozido. Ao ver a concentração de pessoas que se acomodava ao pé do monte, os discípulos ajoelharam-se aos pés do Mestre e disseram:

— Tu és a emanação do Santíssimo manifestada na carne. Diga-nos, Mestre, como podemos ter da taça que bebeste?

Os discípulos, então, se levantaram e olharam para o Mestre; contudo, tiveram de se cobrir, pois a luz que dele emanava lhes feria os olhos. Sua face era de homem e de mulher, não estava nem nu nem vestido, e seus pés não mais tocavam o chão, pois não havia mais carne nele, e sua matéria era mais sutil que o ar. Ao seu lado direito estava Metatron, enquanto Satanás estava à esquerda. E o Mestre, sem abrir os lábios, disse aos discípulos:

— Para que possam romper o véu dos mistérios universais, primeiro precisam desvendar-se a si mesmos. Se desconhecem quem realmente são, como pretendem acessar a sabedoria permitida pelo Pai? Se queres encontrar a Deus, deves descer ao interior da terra, retificar-te e transcender de vil metal a ouro. Eu não vos trago salvação para os vossos espíritos, mas quem vem a mim terá a chama que iluminará os trinta e dois caminhos que devereis percorrer para atingir a Coroa.

A multidão ali presente também escutou a mensagem do Mestre; então, ele prosseguiu:

— E tendo o Eterno Enoch em sua boa conta, uma noite, em um sonho, revelou-lhe o seu sagrado nome e sua pronúncia. Na manhã seguinte, ciente do privilégio que havia recebido e com o intuito de preservar para as gerações o nome do Eterno, Enoch fundiu uma coluna em bronze na qual escreveu o Nome de Deus e, em seguida, produziu outra em mármore branco onde esculpiu a pronúncia do Nome.

Para proteger as colunas dos não merecedores, Enoch escavou a terra e construiu uma câmara onde as acomodou, fechando-a com uma rocha. Vindo o Dilúvio, todos os habitantes da Terra sucumbiram, exceto a família de Noé. Das colunas gravadas por Enoch, apenas a de bronze chegou à posteridade, uma vez que a de mármore foi destruída pelas águas, perdendo-se para sempre a pronúncia do Nome. Todos nós somos manifestações de Deus, e cada um possui em si o seu nome cravado em seu espírito.

Entretanto, ao se separar Dele, o homem perdeu para sempre a pronúncia sagrada. A todo aquele que deseja retornar ao Pai, cabe a reconstrução da coluna de mármore que foi quebrada e a recuperação da pronúncia do Logos Sagrado, pois o Nome de Deus escrito é o que o define como sendo tudo o que foi, que é e que será. Mas, se o homem não souber como pronunciá-lo, continuará como os surdos, que até podem ler os lábios e entender seus interlocutores, mas estarão sempre destinados à privação da beleza e harmonia dos sons naturais.

— Mestre! Mestre! — disse um homem levantando-se em meio à multidão e erguendo as mãos. — Sou apenas um gentio, não vou ao Templo, não faço orações no dia do Shabat e desconheço o que diz a Torá.

O mestre fitou por alguns instantes a face do gentio e falou a todos:

— Você já viu, por acaso, as aves dos céus recitarem a Torá durante o Shabat? Ou as ovelhas se prostrarem em oração? O sol e a lua prestam culto ao Eterno? Não são estas, como você, também criaturas do Senhor? Pois, em verdade, vos digo: acreditais que o Supremo, o Criador dos Universos e de toda a realidade, necessita de vossa adoração? Não concordais que, se o Senhor exigisse culto de suas criaturas, a salvação seria a consequência e o culto, a causa? Assim, o Santíssimo estaria preso a um sistema de causalidades e consequências, sendo obrigado a julgar cada um pelo seu nível de adoração. Deus não está sujeito a nenhum sistema, pois Ele criou, antes do universo, tanto a causa quanto a consequência. Nos planos sutis, não existe dualidade, e causa e consequência se anulam.

— Mas Mestre, como devo adorar ao Senhor? — respondeu o homem, com mais dúvidas do que certezas.

— Como pretendes prestar culto àquele que não podes definir? Como tens a pretensão de saber o que Lhe agrada ou não? Se queres ganhar o coração de um pai, o que tens de fazer é apreciar o seu filho. Se intencionas conectar-te ao Eterno, procure fazê-lo com a porção Dele que se manifesta para você, pois tudo o que existe, que existiu e existirá é fruto de Sua obra. Quando você reconhece a presença de Deus nas flores do campo, na chuva que sacia a sede da terra, no sol que traz calor e vida, nas árvores que nos amparam ou quando dá de comer aos pobres, você está adorando o Santíssimo.

— Mestre! Mestre! Qual é o pior dos pecados? — gritou uma mulher, sem esperar que o gentio se sentasse.

Em verdade vos digo que o pior pecado que podes cometer contra o teu próximo é tomar dele aquilo que não te pertence.

— Mas Mestre, não seria o assassinato ou a mentira o pior dos pecados? — exclamou curioso um dos discípulos do Mestre.

— Quando assassinas uma pessoa, não estás tomando a vida dela? Quando mentes para o teu próximo, não estás furtando a verdade dele? E se cometes adultério, não estás tomando da esposa a sua inocência e confiança? Ao escravizar o teu irmão, não estás levando a liberdade dele? Pois eu digo que o pior dos pecados que podes cometer contra o teu próximo é tomar aquilo que lhe pertence.

Ao ver que o Mestre havia terminado sua explanação, levantou-se um comerciante bem-sucedido e se gabou:

— Sou grato por tudo o que o Senhor me deu! Todas as manhãs agradeço pelo meu negócio, meus rebanhos e minhas vendas. Tudo o que ganhei devo a Deus!

— Homem, achas mesmo que foi o Eterno que lhe deu tudo o que te gabas ter? Se isso fosse verdade, por que Ele seria generoso com você e cruel com aquele que está à sua esquerda? Pois lhe digo, deixe aos Céus o que é assunto dos Céus e à Terra o que é assunto da Terra.

Da mesma forma que água e azeite não se misturam, assim deve ser com aquilo que é matéria e aquilo que é espírito. Se queres agradecer ao Senhor, faze-o dando graças pela vida que desfrutas e compartilha com teu próximo aquilo que te sobra; pois, em verdade, vos digo: àquele a quem muito é dado, muito será cobrado.

Pois aquele que dá deve saber como dar, assim como aquele que recebe deve saber como receber. Eu vos digo: é mais difícil receber do que dar, pois aquele que recebe deve saber que está a firmar um contrato com o Senhor, já que deverá, amanhã, devolver o dobro ao seu irmão quando este, em necessidade, lhe pedir. Pois aquele que só recebe é como a figueira que é irrigada e adubada, mas não dá frutos. E esta deve ser arrancada e lançada ao fogo, pois nada retorna ao Santíssimo.

Todavia, vos digo: maldito é aquele que dá e se sente bem após fazê-lo, pois este doa e recebe de si mesmo, acumulando ao invés de dividir. Aquele que dá não é melhor do que aquele que recebe, e aquele que recebe não é mais desfavorecido do que aquele que dá. Pois, em verdade, vos digo: aquele que sente tristeza e culpa após ter dado à viúva já se encontra no caminho rumo ao Santíssimo.

— Mestre, vejo em ti a sabedoria e o entendimento que vem dos profetas. Gostaria de seguir-te para onde fores e ter conhecimento dos mistérios no qual fostes iniciado — continuou o comerciante.

— Se desejas beber da água que emana de minha boca, então deves largar tudo e seguir-me. Em verdade, vos digo que não há como servir a dois senhores, pois, se agrada a um, certamente desagradará ao outro.

— Mestre, não possuo nenhum senhor a não ser o Eterno.

— Homem, pergunte a si mesmo o que seria impossível para você abrir mão; a resposta será o nome de teu Mestre. Pois te digo: tudo aquilo a que te apegas te prende onde estás, e assim não poderás seguir-me. Terias coragem de agir como as aves, que deixam os ninhos e migram sem nada levar para o sul, onde os dias são mais quentes? Serias como as árvores, que lançam ao chão suas folhas no inverno para que, na primavera, brotem outras mais vigorosas e verdes? Ou serias como as pedras, que permanecem imóveis e se transformam em pó pelo desgaste das chuvas e do vento? Pois afirmo: tudo o que tens hoje não mais terás amanhã, e o que foste ontem, não és agora, nem serás no futuro. Apesar de o Eterno ser infinito, sua criação material está sempre em movimento. Todas as coisas nascem, crescem e morrem. Os impérios surgem, atingem seu auge e caem. Se tudo é efêmero, por que se apegar àquilo que em breve não existirá mais?

— Mas, senhor, todas as vezes que vou ao Templo, sou generoso com minhas doações — respondeu o comerciante, tentando se justificar.

— Por que acreditas que o Senhor de tudo que existe e o Criador de todos os universos precisa do seu dinheiro? Não são a prata e o ouro que os homens usam para cunhar suas moedas e compor seus tesouros frutos da criação Dele, bem como tudo aquilo que compras e vendes? Se queres dar boas finalidades ao teu ganho, compartilhe com os pobres, as crianças e as viúvas. Em verdade vos digo que todo aquele que tem para dar é aquele que mais tem a agradecer.

Após o mestre terminar sua fala, o comerciante retirou-se da multidão.

— Mestre, qual é a virtude que mais devemos cultivar? — perguntou um dos doze.

— Várias são as virtudes; contudo, a mais importante é a temperança. É a esta que deves devotar-te.

— Senhor, achei que responderias que a mais importante virtude seria o amor!

— Eu digo que, sem temperança, mesmo a mais nobre das virtudes pode ser corrompida. O amor pode se tornar vício, o trabalho em ganância, a caridade em vaidade, a admiração em inveja, o entendimento das coisas em soberba, a humildade em subserviência. A temperança é a coluna do meio, o caminho mais curto entre o reino e a coroa, que passa pela fundação, pela beleza e pelo conhecimento. É na coluna do meio onde as dualidades se complementam.

— Senhor, me responda: têm todos os nossos infortúnios origem no pecado cometido por Adão e Eva? — voltou a perguntar o discípulo.

— Sendo Deus justo e perfeito, condenaria Ele toda a humanidade pelo pecado de dois de seus filhos? Não diz a Torá que o servo não deve pagar pelas faltas de seu senhor? Qual juiz, tendo o rigor da justiça em suas mãos, condena um prisioneiro a pena maior do que seu crime? Se o universo é regido pela lei da causa e consequência, escrita essa pelo próprio Eterno, como pode uma causa individual ter efeito em toda a humanidade por todos os tempos?

— Entendo o que dizes, acredito que tens razão em algumas coisas, mas se o Supremo é perfeito, estável e eterno, por que criou o mundo imperfeito, efêmero e finito? Por que temos de conviver com a morte, com doenças e infortúnios? Por que os justos sofrem? — disse um velho coxo que, com a ajuda de suas muletas e de algumas pessoas, se levantou e exclamou em tom de revolta, gesticulando com firmeza.

— Velho, vejo em ti rancor maior que a razão. A perfeição do mundo material criado pelo Santíssimo repousa em sua própria imperfeição, efemeridade e finitude. A realidade material deve ser experimentada pelos espíritos encarnados neste plano para que possam evoluir e atingir as dimensões mais sutis.

Se o mundo material fosse perfeito, por quais experiências passariam os espíritos encarnados? Pois, para criar o mundo material e dar ritmo a todas as coisas, o Eterno deu forma à dualidade: vida e morte, luz e trevas, passivo e ativo, calor e frio, fogo e água, terra e ar. É a diferença entre as polaridades que causa o movimento dos fenômenos naturais.

Da mesma forma que um soldado deve vestir-se de sua armadura para encarar as dificuldades do combate, assim o espírito deve revestir-se da carne para vivenciar as experiências proporcionadas na matéria. Todavia, assim como uma túnica velha precisa ser lançada fora para se fazer uma nova, assim o corpo material deve ser descartado para que o espírito acesse outras vidas, indisponíveis aos sentidos do homem material.

O que você chama de sofrimento nada mais é do que experiências que todos devem passar, tanto o justo quanto o ímpio; pois se estes se encontram aqui encarnados, é porque ambos são imperfeitos. A diferença é que o justo tenta controlar sua instintividade mais do que o ímpio. O sábio é aquele que aprende com todos os homens e mantém suas paixões sob seu jugo. Ele não evita sentir o ódio, a raiva, a inveja, o desejo ou a gula, mas sim tem o poder de mantê-los sob controle. O universo é nulo; portanto, nele não há bem nem mal.

— Mestre, por que as mulheres não precisam reafirmar seu pacto junto a Deus como os homens? — disse um jovem, referindo-se ao pacto firmado entre o Santíssimo e Abraão, a circuncisão.

— Pois em verdade vos digo, meu filho. As mulheres são o terreno fértil em que crescem e se desenvolvem as sementes de toda a criação. São o cálice que concentra em si todas as emanações do Santíssimo, trazendo o equilíbrio entre os opostos. As mulheres são portais sagrados entre os mundos material e sutil, sendo os seres que mais se aproximam do Eterno, pois manifestam amor incondicional e possuem o dom da luz e da vida.

Todos os avatares enviados por Deus vieram ao mundo por intermédio de uma mulher, pois não há criatura que mais a Ele se assemelhe. São as mulheres que tornam o dois em três e o estabilizam no quatro. São a fonte de onde jorra a água cristalina da vida, que, ao percorrer seu curso, é acolhida no mar da eternidade. São elas as encarregadas de guiar as almas encarnadas no caminho da virtude. A mulher é como a ave que, para alimentar seus filhotes, arranca de si as próprias vísceras. É a fênix que constantemente se renova pelo fogo. É a lâmpada de azeite que guia o homem pela escuridão da vida.

Pois lhe digo, meu filho, que cada mulher possui em si um templo cujas paredes são erguidas pela rocha mais dura; todavia, seu interior, o santo dos santos, é rico em mel, vinho e pão. Assim como a chama necessita do pavio para se conectar à vela, assim são as mulheres: responsáveis por nossa ligação com Deus.

Agora ide, prostrai-vos aos pés de vossa esposa ou mãe e agradecei a ela por tudo que hoje sois, pois feliz daquele que a tem manifesta na carne. E aqueles que não a têm mais neste plano, para sempre por ela serão vigiados, pois o único elo da corrente da existência que não se rompe na eternidade é o do amor de uma mulher por seu homem, de uma mãe por seu filho. Assim, as mulheres não precisam reafirmar o pacto com Deus, pois elas não precisam de retificação, uma vez que já nascem em sintonia com a criação divina.

Dentre a multidão, surgiu uma mulher e disse em voz alta para que o Mestre a escutasse:

— Mestre, por que os bons morrem cedo, enquanto os maus parecem viver mais?

O Mestre respondeu:

— Mulher, o Senhor tem um plano para todos nós. Sua misericórdia e amor são infinitos, e a morte é apenas a passagem para outra realidade, não uma punição. O mundo é um campo de provas onde devemos nos aperfeiçoar. O Santíssimo, às vezes, traz de volta ao lar os bons mais cedo para preservá-los das dificuldades mundanas e do sofrimento. Aos maus, que parecem viver mais, é dada a oportunidade para que se melhorem. Assim, em ambos os casos, o Supremo está demonstrando sua misericórdia e amor.

Um homem então perguntou:

— Mestre, o senhor disse que Deus nos ama infinitamente; no entanto, colocou no meio do Éden a árvore do conhecimento do bem e do mal. Se Deus é onisciente, por que a colocou lá, sabendo que o Homem iria cair?

O Mestre respondeu:

— Meu filho, quando Deus criou o homem, o fez à sua imagem e semelhança. Adão conversava pessoalmente com o Senhor em sua linguagem santa. Com essa linguagem, o homem se comunicava com os animais e toda a natureza o atendia. Adão morava em um paraíso, onde não havia mal nem morte.

Contudo, quão justo seria Deus se não desse ao Homem a dádiva do livre-arbítrio? Seria o Homem verdadeiramente pleno sem poder fazer escolhas? A obra máxima de Deus estaria completa? A árvore no Éden representa o amor máximo do Santíssimo e o maior presente que Ele nos deu: o livre-arbítrio.

Quando o homem tomou da fruta e a comeu, Adão descobriu suas limitações, fraquezas, sua humanidade e, a partir daí, pôde entender a obra do Eterno. Ele é como o filho pródigo que saiu da casa do Pai e um dia retornará. Ao tomar o fruto da árvore, Deus não puniu o homem, mas o libertou e deu a ele o dom da escolha. A saída do homem do paraíso não foi um castigo, mas o início de uma longa jornada de volta à casa do Pai.

E o Mestre disse, finalizando sua preleção:

— O Santíssimo é o princípio, o fim e o meio. É a soma das possibilidades de todas as coisas no universo. Nele nascemos, habitamos, vivemos e morremos. Somos parte Dele, e Ele é parte de nós. O Eterno nos ama com o amor de mãe, nos educa como pai e nos consola como amigo. Ele nos guia pelos escuros caminhos da vida com sua lanterna de amor, até que alcancemos a segurança de nosso lar.

O Senhor é a água que lava nosso rosto após um dia de trabalho. Ele limpa nossa face e refresca a alma. É a música que traz repouso e tranquilidade. É a árvore que dá frutos doces para comer e sombra para o descanso. É também a enxada que caleja as mãos e auxilia a trabalhar a terra.

Deixai as preocupações de hoje para hoje e as de amanhã para amanhã. Batei à porta, e ela será aberta; plantai a semente, e ela germinará. Se Deus é convosco, quem se levantará contra vós para vos causar o mal?

Pois, em verdade, vos digo que o livre-arbítrio começa nos pensamentos; depois, manifesta-se nos olhos, pela forma como enxergamos as coisas; em seguida, desce à boca, quando verbalizamos o que pensamos e vemos; e, por fim, concretiza-se em nossas atitudes. São as atitudes que definem verdadeiramente o homem, pois têm origem no pensamento e se realizam nos atos.

O Senhor é o poder da coroa, assentado sobre a sabedoria infinita e a inteligência criadora. Nele residem a bondade e a justiça perfeitas, que representam o ideal de beleza e paz. Está n'Ele toda a vitória conquistada em cada batalha, mas também o repouso eterno. Sua vontade é a criação contínua, e seu reino é a totalidade de todas as coisas que povoam os mundos.

Após terminar, perguntaram ao Mestre da multidão:

— Senhor, como devemos nos comunicar com o Santíssimo? Não sei orar como os sábios, nem como os doutores das sinagogas e do Templo. Tenho medo de que o Eterno não me escute por causa disso.

O Mestre olhou entre a multidão procurando seu interlocutor, encontrando-o escondido atrás de uma árvore. Ele era pequeno e cobria o rosto para que as pessoas não se incomodassem com sua aparência e o expulsassem, pois estava com lepra. Foi então que o Mestre desceu, caminhou até o homem franzino e, ficando diante dele, disse:

— Por que te escondes? Não sabes que nada pode se ocultar da visão do Senhor dos Mundos? Como esperas que o Santíssimo escute tuas preces, se nem mesmo crês que és digno de ser ouvido? Em verdade vos digo: bendita é a oração que é acompanhada das lágrimas de quem a faz, pois esta subirá diretamente pelos sete céus até o Pai, que está sentado em seu trono de esplendor. Sabei que todas as portas do Céu estão fechadas, exceto a Porta das Lágrimas. Os anjos do Céu a abrem sempre que uma oração sobe acompanhada de lágrimas e a levam diretamente diante do Senhor. O mundo superior sente as lágrimas dos justos que são derramadas no mundo inferior. A oração é a forma mais elevada de servir ao Senhor.

Havia um pai que há muito não via seu filho, que se ausentou de casa após discutir com seu genitor. Digo-vos que, quando o varão voltou à casa de seu pai, este se regozijou e mandou matar o melhor cordeiro do rebanho e abrir um barril do mais fino vinho para festejar o regresso de seu herdeiro. Pois, quando todos os prazeres se tornarem enfadonhos, quando o ouro perder seu valor e as vitórias das batalhas não mais empolgarem, tudo o que restará ao coração do homem será o amor de um pai por seu filho. Assim vos digo, meu caro: se vós, que sois maus, amais vossos filhos, quanto mais o Senhor dos Mundos, que os criou a partir de Sua essência!

Lembrai-vos de que existem três tipos de oração: aquela feita com o coração, típica dos humildes, que não têm conhecimento aprofundado da Palavra, mas creem e amam ao Senhor; a oração feita por aqueles que entendem a Palavra, ama e crê no Senhor; e aquela feita pelos eloquentes, que a proferem em voz alta na frente dos templos e dentro das sinagogas.

Eu vos digo: a oração do humilde é bem recebida pelos anjos, que a levam diretamente ao Senhor. Quem a faz compartilha o Maror de sua ceia com o Santíssimo e pede a Ele graças e bênçãos de forma sincera; todavia, por não compreender a Palavra, essa oração não traz evolução espiritual. A oração feita pelo sábio, temente ao Eterno, divide com Ele o Maror de sua ceia, pede-lhe graças e bênçãos; e, por compreender a Palavra, essa oração lhe traz crescimento. Agora, a oração feita pelo eloquente não passa do primeiro céu, pois os anjos, sabendo que ela não pede graça nem bênção, e que o eloquente não irá dividir o Maror de sua ceia com o Senhor, a ferem com suas espadas, e ela não chega sequer ao segundo céu. Pois, em verdade vos digo: no final dos tempos, os eloquentes chegarão ao Pai, e Ele vos dirá: "*Nunca ouvi qualquer oração sua. Apartai-vos de mim.*

Em seguida, o homem perguntou ao Mestre:

— Senhor, não posso ir ao Templo ou à sinagoga, pois dizem que minha aparência é um castigo, um fardo imposto pelo Santíssimo, que devo carregar nesta vida. Assim, não posso pisar em local santo. Onde posso fazer minhas orações para que o Eterno as ouça?

— Homem, retira de ti os panos que escondem tua face, pois eu te digo: as dívidas que contraíste nesta vida, nesta vida deverás pagá-las. Há por acaso alguém aqui que emprestaria uma moeda de prata a outro sem combinar antes quando o pagamento deverá ser feito? Pois vos digo que a pena não pode ser maior que o crime, nem a sentença maior que a prisão. O homem então retirou do rosto os panos que o escondiam, e seu rosto já não era grotesco nem cheio de feridas, mas puro e limpo. Não havia mais chagas no homem, pois a lepra havia sido curada. E todos se admiraram e perguntavam entre si: "Quem é este que, com apenas uma palavra, purificou o homem do jugo de sua lepra?"

Então o Mestre continuou:

— Pois vos digo: o melhor lugar para orar ao Senhor é sozinho, onde quer que estejais. Contudo, fazei-o sempre com as mãos levantadas ao alto, pois, assim como tens dez dedos em tuas mãos, assim é a quantidade de emanações que o Eterno derramou sobre este mundo. Dez são os Seus mandamentos, e dez foram os comandos que o Senhor deu para que todas as coisas fossem criadas no início dos tempos.

Continuou o Mestre a falar à multidão e aos seus discípulos, começando ao meio-dia e finalizando ao pôr do sol. E todos comeram do pão e do peixe que da boca do Mestre saíram até se fartarem. O Mestre ergueu as mãos para silenciar a multidão e disse:

— Meus amados, chegou o momento de encerrarmos nossos ensinamentos por hoje. Amanhã, quando o sol se erguer novamente, iremos continuar nossa jornada juntos. Lembrai-vos de que a verdadeira sabedoria não está nas palavras que ouvistes, mas na maneira como as aplicais em vossas vidas. O Eterno vos abençoa com o dom da compreensão; usai-o para trazer luz ao vosso caminho e aos caminhos daqueles que vos rodeiam.

A multidão começou a se dispersar, levando consigo o alimento espiritual que o Mestre lhes havia proporcionado. Enquanto os discípulos se preparavam para descansar, um jovem aproximou-se do Mestre. Seus olhos brilhavam com uma mistura de curiosidade e reverência.

— Mestre, como posso alcançar a paz interior? — perguntou o jovem, ajoelhando-se diante do mestre.

O Mestre sorriu com ternura e respondeu:

A paz interior, meu jovem, é como um lago tranquilo no fundo de tua alma. Para alcançá-la, deves primeiro acalmar as tempestades da mente e do coração. Medita sobre teus pensamentos e ações; busca a harmonia em tudo o que fazes. Lembra-te de que a paz não é a ausência de conflito, mas a capacidade de lidar com ele com sabedoria e serenidade.

O jovem agradeceu e se afastou, refletindo sobre as palavras do mestre.

Na manhã seguinte, os discípulos e o Mestre reuniram-se novamente. Desta vez, o Mestre levou-os a uma pequena colina de onde podiam ver a vastidão do horizonte. Ele sentou-se em uma pedra e chamou seus discípulos para se sentarem ao seu redor.

— Hoje, falaremos sobre a jornada do espírito — disse o Mestre. — Cada um de vós é uma centelha divina, enviada ao mundo material para experimentar, aprender e evoluir. A vida é uma série de provas e lições que vos ajudam a crescer e a se aproximar do Eterno.

Um dos discípulos, conhecido por sua sabedoria, perguntou:

— Mestre, como podemos saber se estamos no caminho certo?

E Ele respondeu:

— Vosso coração é o vosso guia mais confiável. Quando vos sentis em paz, mesmo diante das adversidades, estais no caminho certo. A alegria, a compaixão e a verdade são sinais de que estais alinhados com a vontade do Eterno. A verdadeira felicidade somente ocorre quando o seu Eu terreno está alinhado com o seu Eu superior. Não busqueis a aprovação dos homens, mas sim a confirmação do vosso próprio espírito.

O outro discípulo levantou a mão e perguntou:

— Mestre, como podemos ajudar aqueles que estão perdidos e não veem a luz?

— Com amor e paciência — disse o Mestre. — Cada alma tem seu próprio tempo e caminho. Não forceis a verdade sobre ninguém. Em vez disso, sede exemplos vivos do que é ser iluminado. Vosso brilho interior atrairá aqueles que estão prontos para despertar. Lembrai-vos de que não podeis mudar os outros, apenas inspirá-los a mudar por si mesmos.

Os discípulos absorveram as palavras do Mestre, compreendendo que sua missão era tanto pessoal quanto coletiva. O caminho da iluminação era contínuo e exigia dedicação, introspecção e um coração aberto. À medida que o sol se punha, o Mestre reuniu seus discípulos para um último ensinamento do dia:

— Meus queridos, lembrai-vos de que a jornada é eterna e a escada possui muitos degraus. Cada passo que dais vos aproxima mais do Supremo. Nunca desanimeis, mesmo nos momentos de escuridão. Pois é na escuridão que a luz se torna mais brilhante. Vós sois portadores dessa luz. Espalhai-a, vivei-a, e sereis instrumentos do amor divino.

Os discípulos, após as palavras do Mestre, entreolharam-se e balançaram as cabeças, sinalizando entendimento. Porém, no fundo de suas mentes, o Mestre sabia que novas lições ainda deveriam ser apresentadas a eles. A jornada era contínua, e o próximo aprendizado aguardava nas sombras da vila de Lamut be-Shalom, onde a morte não seria o fim, mas o início de uma conversa sobre a vida.

Capítulo 6

ALÉM DO VÉU: ENSINAMENTOS SOBRE VIDA E MORTE

No dia seguinte, ao entrar na vila de *Lamut be-Shalom*, juntamente com os doze, o Mestre foi abordado por uma senhora idosa que chorava copiosamente. Com um semblante de desespero, ela segurou as mãos do Mestre e implorou:

Mestre, por favor, venha à minha casa! Meu marido... ele está morto!

Com compaixão, o Mestre deixou os doze e acompanhou a mulher até sua residência. Ao entrar, encontrou o corpo do homem deitado em uma cama modesta, coberto com um lençol branco de linho.

— O que aconteceu aqui, mulher? — perguntou o Mestre com suavidade.

— Ele morreu enquanto dormia — respondeu a mulher, soluçando. — Acordei esta manhã e ele não respirava mais. Por favor, Mestre, ajude-me!

A viúva, ainda em lágrimas, continuou:

— Senhor, qual é o sentido da vida? Parece que estamos sempre correndo em direção ao sol, mas nunca o alcançamos. De que vale construir sobre a rocha, se ela se trinca e tudo desmorona? A cada dia que vivemos, estamos mais próximos da morte. Se soubéssemos como e quando morreríamos, Deus seria necessário em nossas vidas? Meu marido se foi, e nunca terei a chance de vê-lo novamente. A felicidade parece ser apenas uma brisa antes da tempestade. Sinto que nosso caminho não nos conduz ao sol, mas sim à escuridão do túmulo.

O Mestre caminhou até a cama, ajoelhou-se ao lado do corpo e fechou os olhos. Em um murmúrio, começou a orar ao Eterno, pedindo pela ressurreição do homem. A mulher esperava do lado de fora do aposento.

— Eterno, Criador dos céus e da terra, Senhor de todas as almas, escuta esta humilde prece. Com Tua infinita misericórdia, rogo-Te que olhes para esta mulher e enxergues a dor que a separação lhe trouxe. Tu, que és a fonte de toda a vida, concede a este homem a oportunidade de retornar ao lado de sua amada. Que ele possa completar a missão que lhe foi confiada, espalhando Tua luz e sabedoria. Em nome de Tua bondade e do amor que nos une, imploro-Te que devolvas a vida a este homem.

O quarto manteve-se em silêncio absoluto por alguns instantes, enquanto o Mestre permanecia ajoelhado, emanando uma aura de serenidade e fé. De repente, uma luz tênue começou a emanar do corpo do homem, e um espírito translúcido surgiu, sentando-se na cama ao lado de seu corpo. O espírito olhou para o Mestre com uma expressão de calma e disse:

— Mestre, por que pediste que voltasse? Minha hora havia chegado, e isso faz parte dos desígnios do Supremo. Eu já aceitei meu destino e estou pronto para seguir adiante.

O Mestre, com um olhar compassivo, respondeu:

— Espírito abençoado, compreendo tua aceitação e respeito os desígnios do Eterno. No entanto, tua amada ainda não está pronta para deixar-te partir. Sua dor é imensa, e seu amor por ti é profundo. Peço ao Eterno que te conceda mais tempo na Terra, para que, juntos, possais completar vossa jornada e encontrar a paz no momento apropriado.

O espírito do homem ponderou por um instante, olhando para sua esposa, que chorava ao lado da cama.

— Se esse é o desejo do Eterno e se posso aliviar o sofrimento de minha esposa, aceito retornar. Mas saiba, Mestre, que o farei não apenas por ela, mas também para cumprir um propósito maior que ainda não me foi revelado. Na noite passada, senti uma paz profunda enquanto dormia e fui levado a um campo luminoso, onde uma voz me chamou pelo nome. Senti que minha hora havia chegado, que minha missão na Terra estava cumprida. O Eterno me chamou de volta ao Seu lado, e eu aceitei, pois compreendi que meus dias de provações neste mundo haviam chegado ao fim; meu contrato cármico foi cumprido.

Neste momento, o anjo do Senhor surgiu na sala, irradiando uma luz celestial. Ele estendeu as mãos para conduzir o espírito do homem e disse:

Mestre, este homem pagou seu carma na Terra e superou com êxito suas provações. Sua hora realmente chegou, e ele deve retornar. O plano do Eterno para ele foi concluído. Respeitar os desígnios do Santíssimo é parte de sua jornada e de seu aprendizado.

O Mestre, compreendendo a profundidade das palavras do anjo, inclinou a cabeça em sinal de humildade. O anjo olhou para a viúva e continuou:

Diga à viúva que não se entristeça, pois em breve ela reencontrará seu marido no plano sutil. Sua presença aqui não foi destinada a ressuscitar o homem, mas a transmitir este último ensinamento à viúva. Tudo isso foi previsto no plano do Eterno.

Com essas palavras, o anjo conduziu o espírito do homem para o plano superior, e o corpo permaneceu imóvel na cama. O Mestre saiu do quarto e foi ter com a viúva, que ainda chorava.

— Mulher, por que choras? — perguntou o Mestre.

— Mestre, meu choro é de pesar — respondeu a viúva.

— Tens saúde e és abençoada por nosso Senhor. Qual é a razão do choro?

— Mestre, meu marido está morto.

— E qual é o motivo de sua tristeza?

— Não o verei nunca mais. O que será de mim agora?

— Lamentas a falta que ele te fará, mas ignoras as bênçãos que o Eterno te concede.

— Que bênçãos? Não entendo, Mestre. O que o Eterno me concede diante de tamanha tristeza?

— Estás presa ao teu sofrimento e não enxergas o plano e a missão que o Criador confiou ao teu marido. Assim como o sol nasce e se põe todos os dias, a vida continua, mesmo na ausência daqueles que amamos. Cada passo que dás, mesmo em meio à dor, é um avanço em direção à compreensão e à paz. A vida é como uma tapeçaria, onde cada fio ocupa seu lugar. Quando um fio é retirado, pode parecer que a tapeçaria se desfaz, mas, na verdade, o espaço deixado torna-se parte de um novo desenho que o Eterno tece. Teu marido cumpriu sua missão aqui e, ao partir, deixou para ti uma nova missão: viver e encontrar o sentido dessa partida.

Mestre, meu marido morreu de forma inesperada durante a noite; eu não esperava por isso.

— Mulher, estás agora a passar por mais um ensinamento, confiado a ti porque o Supremo sabe que estás preparada e que a hora chegou. Teu marido cumpriu a missão que o Senhor lhe confiou. Após cumpri-la, ele retornou, pois não havia mais nada a fazer neste plano. Ele partiu porque não tinha mais carma a pagar e, por isso, fez sua passagem sem sofrimento. Por acaso achas que tens o dom de prever os intentos do Senhor dos Mundos? A ti, resta aceitar e compreender.

— Mestre, por que justo meu marido teve de morrer? Ele era um homem bom, ajudava os pobres e frequentava a sinagoga no Shabat. Eu não mereço tamanho sofrimento.

— O Eterno levou para junto de Si Abraão, Moisés, Davi e Salomão. Por que não levaria também o teu marido? Achas que o teu marido é maior que os profetas? Não somos todos iguais perante o Nosso Senhor? Cada um de nós tem um papel a cumprir, e teu marido desempenhou o dele com dignidade. Agora, cabe a você continuar sua jornada, sabendo que cada ato de bondade, cada oração e cada lembrança amorosa mantém viva a essência dele dentro de você.

— Mas Mestre, meu pobre marido está morto. Não te compadeces de sua morte?

— Preferirias ver teu marido acorrentado à matéria? Ele retornou ao verdadeiro lar, aquele que o Supremo Arquiteto projetou e edificou. Agora, ele desfruta da plenitude de ter cumprido sua missão e alcançado evolução na matéria. No entanto, o teu apego impede-te de compreender que a morte é apenas uma transição e não o fim.

— Mestre, se temos de morrer, por que nascemos?

— O plano em que vivemos é destinado ao aprendizado, um verdadeiro campo de provas. Nascemos para aprender e crescer em espírito. A morte, por sua vez, é apenas mais uma lição: uma passagem para o próximo estágio de nossa existência.

— Mestre, não parece justo não podermos escolher o dia de nossa morte.

— Por que julgas os planos do Eterno? Podes não escolher quando morrerás, mas és livre para escolher como compreendê-los. A liberdade está na aceitação, não na resistência.

Mestre, o que é a morte?

— O início de uma nova vida.

— Mas por que nosso corpo apodrece quando a vida dele se esvai? Não me parece justo, após toda uma vida de sofrimentos e provações.

— É típico do materialista preocupar-se mais com o invólucro do que com a essência. O corpo é apenas a veste temporária do espírito, que se liberta para seguir sua jornada. Assim como, após o vinho ser consumido, o jarro perde sua serventia e pode ser descartado.

— Mas Mestre, pobre do meu marido.

— Por que sentes tanta piedade de teu marido? Pensas que não passarás por isso um dia? Achas que estás ilesa ao alcance da morte? O que realmente importa é o que fazemos com o tempo que nos é dado e como enfrentamos a separação. Não temas a morte; teme, sim, uma vida sem propósito. A tua morte chegará quando for a hora, e nada do que fizeres poderá adiá-la sequer por um instante.

— Mas Mestre, meu marido viveu uma vida simples de trabalho e teve poucos bens.

— Tanto o rico quanto o pobre morrem da mesma forma. Vieste do pó e a ele retornarás. Por que pensas que as riquezas devem ser apenas materiais? Teu marido cumpriu sua missão, deu exemplo de dignidade em vida e ajudou o próximo. Não morrem da mesma forma o pássaro, que durante a vida não acumula bens, e o comerciante, que se gaba de suas vestes finas e potes de ouro? Tens, por acaso, o sábio e o ignorante destinos diferentes quando chega a sua hora, ou o vaidoso e o humilde? Pois, em verdade vos digo, mulher: na matéria, todos os corpos conhecerão a corrupção imposta pelos vermes; todavia, somente os puros de coração encontrarão o Santíssimo.

— Mestre, verei meu marido novamente somente quando eu morrer?

— Cada vez que fizeres o bem ao próximo, lá estará o espírito de teu marido. Cada vez que realizares bem o teu trabalho, lá estará o espírito de teu marido. Mantenha o amor em teu coração e ele estará sempre vivo dentro de ti.

Mestre, se pudéssemos saber quando morreríamos, não poderíamos viver melhor?

— Os homens conhecem os males do vinho em excesso, e ainda assim o bebem. Sabem que existe apenas um Deus, e mesmo assim cometem idolatria. Reconhecem o caminho da luz, mas insistem em caminhar nas trevas. Não é o conhecimento da hora da morte que nos faz viver melhor, mas a compreensão do que realmente importa na vida.

— Mestre, o que devo fazer?

— Medita, ora e agradece a Deus todos os dias da vida que lhe resta.

— Agradecer a morte de meu marido?

— Agradece por teres feito parte da vida dele enquanto estivestes ao seu lado. Agradece a chance de um dia poder reencontrá-lo. Teu marido partiu antes para preparar o teu lar quando chegar a tua hora. E agradece, também, pelo tempo que ainda tens para viver, aprender e amar.

— Mas o que faço para parar de chorar?

— Não faças nada. O luto é necessário para que aceites a separação de teu marido. Todavia, em verdade te digo: da forma como nele pensares, assim ele viverá em ti. Pensa no amor e na dedicação que teu marido te ofereceu em vida, e ele habitará teu coração. Pensa na negatividade de sua perda, e ele viverá em teu fígado, e teu corpo padecerá. Tudo no universo é mente.

Mulher, em verdade vos digo: a essência sagrada de teu marido jamais perecerá, pois o espírito que dele emana provém do Eterno e pertence ao ciclo imutável da existência. Vide a água da chuva que desce à terra e desperta a vida na poeira adormecida, dando origem à relva que nutre os seres; e esses, em sua jornada, oferecem-se ao homem, que, ao fechar o ciclo da carne, regressa ao pó primordial.

A umidade fecunda o solo, onde nascem as plantas que servem de pasto aos animais; estes, por sua vez, tornam-se alimento para o humano, que, ao fim, retornará ao pó. A água primordial permeia todas as fases existenciais, assumindo novas formas e integrando-se a cada reino que participa. Assim também é a alma: eterna, fluida, infinita e imortal, viajando pela criação, transcendente e inquebrantável.

A mulher, embora triste, sentiu serenidade em seu coração, compreendendo que o amor e a vida transcendem a morte física. O Mestre voltou-se para ela:

— O amor que vocês compartilham transcende a existência física e continuará no reino sutil. A separação é apenas temporária, uma pequena parte da jornada eterna que compartilham.

A mulher, enxugando as lágrimas, olhou para o Mestre com uma mistura de dor e gratidão.

O Mestre, tendo cumprido sua missão e passado por mais uma provação, deixou a casa da viúva com o coração leve, certo de que havia transmitido a ela o último ensinamento necessário para sua jornada. O plano do Eterno fora realizado, e a luz da sabedoria continuava a brilhar em Betel.

Três dias após a visita do Mestre, a viúva faleceu em paz, serena e com um sorriso nos lábios. No momento de sua partida, sentiu a presença de seu marido ao seu lado, como se ele a estivesse guiando para o outro lado. A vila de Lamut be-Shalom testemunhou a profundidade do amor e da fé, fortalecida pela presença e pelos ensinamentos do Mestre, que transformaram a dor em esperança e a separação em uma promessa de reencontro eterno.

Capítulo 7

A SABEDORIA REVELADA DO JARDIM MÍSTICO

Naquele dia, o Mestre passou a noite inteira sozinho em profunda meditação, pensando no que havia ocorrido em *Lamut be-Shalom*, buscando inspiração e sabedoria do Eterno sob uma figueira. Na casa da viúva, a morte havia se revelado como parte de um ciclo maior, e a compreensão do que está além da matéria trouxe novo significado à separação física para o Mestre.

Quando o primeiro raio de sol começou a despontar no horizonte, ele se levantou e foi ao encontro de seus doze discípulos. Eram cinco da manhã, e o jardim onde todos repousavam era místico, banhado pela luz suave e dourada que vinha do Senhor.

O jardim místico repousava entre vales de pedra cinza ancestral, onde toda a vida havia sido criada pela própria mão do Supremo. Nesse espaço sagrado, tudo era venerado. A relva verde sob os pés vibrava com energia vital, viva e consciente da presença de quem por ela caminhava. O brilho etéreo que a grama emitia quando aquecida pela luz do sol era como se estivesse coberta por um manto de orvalho dourado.

As flores que enfeitavam o jardim eram de beleza inigualável, com pétalas feitas de seda celestial e cores que variavam do mais profundo rubi ao dourado resplandecente, passando por tons de azul que rivalizavam com o céu ao entardecer. O perfume que exalavam era um bálsamo para a mente e o espírito, trazendo uma sensação de paz e plenitude. Entre elas, havia lírios brancos que flutuavam no ar, como se estivessem suspensos por fios de prata invisíveis.

Majestosas árvores de acácia emolduravam o jardim místico, com troncos tão largos que pareciam ter existido desde o princípio dos tempos. Suas folhas, de um verde profundo, farfalhavam ao sabor da brisa, emitindo melodias suaves e contínuas, como harpas tocadas no céu pelos anjos em louvor ao Senhor. Essas árvores, cujas raízes se entrelaçavam com o solo negro e sagrado, eram detentoras de sabedoria ancestral, e suas copas abrigavam pássaros de plumagem iridescente que cantavam canções em harmonia com os demais sons da natureza viva.

No centro do jardim, repousava um lago de águas frias e cristalinas, tão límpidas que refletiam a face do Criador. O lago parecia infinito, e suas águas, de um azul profundo, uniam-se ao céu. Ao redor do lago, pequenas pedras preciosas brilhavam à luz do sol, como estrelas caídas do firmamento. Peixes de escamas douradas e prateadas nadavam tranquilamente em suas profundezas, deixando rastros luminosos de cor púrpura que se dissipavam suavemente.

O jardim, moldado pela mão divina, era a residência da paz e da serenidade, um lugar onde o tempo e o espírito se fundiam em uma só essência. Ali, o masculino e o feminino eram um; a água e a terra se integravam; tudo o que existia acima também existia abaixo. Cada elemento presente era especial, impregnado de energia mística vital que conectava todas as coisas. O jardim místico era a essência do universo, pois era a própria mente do Criador.

O Mestre, com a serenidade de quem havia estado com o divino, acordou um por um dos discípulos, chamando-os para um ensinamento especial.

— Meus amados, o Santíssimo revelou-me em meu sono segredos profundos durante esta noite, os quais devo comunicar a vocês, para que depois os compartilhem com todos os que desejam ouvir a palavra. Convido-os a caminhar pelo jardim místico, para que possam aprender com a natureza as leis do Universo, redigidas pelas mãos do Senhor dos Mundos. Essas leis são os alicerces da existência manifesta e sutil e, ao compreendê-las, alcançareis a sabedoria permitida e estareis um passo mais próximos da origem de tudo. Somente o Eterno está acima dessas leis, pois foi Ele quem as escreveu e é Ele quem as controla. Venham, deixemos que a luz da aurora nos ilumine e iniciemos agora os nossos trabalhos.

O Mestre e seus doze discípulos deram início à jornada pelo jardim místico, que era pleno em sua beleza e farto em vida. Caminharam sobre a relva úmida pelo orvalho, enquanto ouviam o som do canto dos pássaros e o murmúrio das águas. A primeira parada foi junto a um lago sereno de águas frias e correntes.

— Observai, meus amados, a superfície espelhada do lago. Esta é a primeira lei: o Todo é Mente; o Universo é Mental, e tudo o que existe ocorre somente na mente Daquele que tudo criou. Assim como o lago reflete o céu, vossa mente deve refletir o Universo, pois vós sois a representação da criação do Ser Supremo.

Cada um de vós encerra em si um universo microcósmico. Cada um de vós cria o seu universo baseado naquilo que percebe e dá origem pela mente. Se os universos existentes são a emanação da mente do Senhor dos Mundos, o universo encerrado em cada um de vós é formado pelas vossas próprias mentes. Guardai a vossa mente pura, pois ela cria a vossa realidade. Assim como cada estrela é um pensamento na mente do Eterno, os vossos pensamentos são as estrelas do vosso universo pessoal.

Após a preleção do Mestre, o mais curioso dos doze perguntou:

— Então, nossa mente possui o poder de criar?

— Sim, como a árvore que brota de uma semente plantada em terra fértil, vossos pensamentos são sementes que crescem e manifestam a vossa realidade. Imaginai que cada pensamento é uma pequena semente luminosa plantada no jardim da mente. Se plantardes sementes de amor, colhereis frutos de amor. Se plantardes sementes de ódio, colhereis frutos de dor. Guarde a sua mente e semeie bons pensamentos, para que a colheita seja abundante e pura. Pois, em verdade, vos digo: todo aquele que planta colhe o que semeia; não há colheita sem semeadura. As más plantas produzirão maus frutos, e estes deverão ser lançados ao fogo, pois não devem ser consumidos.

Mestre aproximou-se de uma figueira, colheu um fruto e disse:

— O que tenho em minhas mãos? Seria, por acaso, uma romã ou um figo? Poderia eu colher uma romã de uma figueira ou um figo de uma romãzeira? Pois, em verdade vos digo: colhereis em vossa vida apenas aquilo que plantais. Se plantardes peras, não podereis fazer delas vinho; somente se plantardes vinhas, podereis produzi-lo. Contudo, o vinho só será bom se as uvas também o forem. Não há como ser diferente, pois toda causa tem seu efeito, e todo efeito tem sua causa.

Assim como a semente plantada dá fruto, vossas ações geram consequências que, no futuro, serão colhidas. Pois, em verdade vos digo: não há como colher trigo se plantais centeio. Nada acontece por acaso; tudo está interligado por uma cadeia de eventos. Sois os arquitetos de vosso destino. Semeai com sabedoria, e colhereis frutos de virtude.

Como o agricultor que cuida de sua plantação, cuidai de vossas ações, e colhereis exatamente aquilo que plantastes. Todavia, é certo que boas plantas produzem bons frutos, e estes devem ser por vós consumidos.

Caminharam por mais alguns instantes pelo jardim místico, até se depararem com uma árvore imensa, cujas raízes mergulhavam profundamente na terra. O Mestre ergueu a mão direita e, com o dedo indicador, apontou para a árvore.

— Observai esta árvore. Ela nos revela a segunda Lei redigida pelo Eterno: o que está em cima é como o que está embaixo; e o que está embaixo é como o que está em cima. Em verdade vos digo: a força das raízes para a sustentação da árvore deve ser igual à do tronco para manter os galhos e os frutos. Pois, sem a raiz, a árvore não pode permanecer de pé; mas, igualmente, sem o tronco, a árvore não pode se expandir e gerar frutos. O sabor dos frutos e a vitalidade das folhas correspondem à saúde das raízes. Assim como a árvore não vive sem a raiz, o homem não vive sem compreender os ensinamentos do Divino. Tudo o que ocorre nos planos superiores se reflete nos inferiores, assim como a pura luz é refletida por um espelho com o vidro embaçado pela poeira.

Foi então que o mais prático entre os doze indagou ao Mestre:

— Como podemos aplicar isso em nossas vidas?

— Compreendei que vós sois um pálido reflexo do Todo. Assim como a chuva cai e leva para a terra as impurezas do céu, vossa alma se eleva ao alinhar-se com os princípios universais e ao buscar eliminar seus instintos. Buscai harmonia em vossas ações e pensamentos, e sereis um espelho perfeito do Universo. Em verdade, vos digo: vossa alma deve ser como um lago cristalino que reflete o brilho das estrelas, pois, ao refletir o Universo, também refletirá o seu Criador.

— Mestre, onde se encontra o Santíssimo e como podemos entrar em contato com Ele? Disse o mais contemplativo.

— A terceira Lei é a que o Eterno está em todas as coisas: naturais, materiais e imateriais; manifestas e não manifestas. Ele permeia o universo, cada folha, cada pedra, cada estrela e cada obra que se encontra além de nossos sentidos. Para entrar em contato com Deus, deveis praticar a meditação, elevando a vossa mente e o vosso espírito para acessar os planos superiores. A meditação é o caminho para ouvir a voz do Santíssimo dentro de vós; é a chave que deveis usar para acessar o Santo dos Santos de vosso templo interior. Praticai também a contemplação das obras criadas por Ele e adorai-O na matéria, pois, em verdade, vos digo: assim como o filho carrega em si as características de seu pai, toda a criação carrega uma fagulha da emanação do Divino. Observe a beleza da criação, e vereis o reflexo do Divino em todas as coisas. Somente por meio da meditação individual e da contemplação podeis conhecer e sentir a presença do Eterno em vossa vida, pois não há outra forma de chegar a Ele.

Ao passarem por um campo de kalaniyot vermelhas, o Mestre percebeu que o vento, ao beijar sua face, também farfalhava as flores em movimentos suaves e constantes. Após alguns instantes contemplando-as, proferiu:

— Em verdade vos digo: a quarta Lei do Senhor é que aquele que contempla as flores do campo e vê nelas a presença do Pai estará um passo mais próximo do lar Eterno. Por acaso, as flores se preocupam com o que irão comer ou vestir? Perdem elas tempo pensando naquilo que ainda não aconteceu ou naquilo que já se passou? Precisam de grandes banquetes para saciar sua fome ou odres de vinho para matar sua sede? Qual dos saduceus se veste com uma túnica mais bela do que as simples pétalas das flores que neste campo farfalham?

A todos vocês, eu digo: não há maior riqueza neste mundo do que a que se encontra na simplicidade das flores, pois elas sabem que o Santíssimo lhes proverá a luz e a água em quantidade suficiente para que vivam em plenitude.

Assim como Deus criou toda a sua obra, Ele vela por ela. Lembrem-se de que o pão de hoje, guardado em excesso e não compartilhado com vosso irmão, amanhã servirá de alimento para os ratos e embolorará em vossas bolsas; as moedas que acumulam em suas casas poderão ser roubadas; as finas vestes que hoje ostentam, amanhã não passarão de trapos. O que é de hoje deve ser vivido hoje, e o que é de amanhã ainda não aconteceu.

Pois tudo o que é hoje, amanhã já não será, e o que amanhã será, depois de amanhã desaparecerá. Contudo, aquele que contempla o Senhor contemplará para sempre o Senhor, pois Ele é Eterno.

Porém, assim como o excesso não é o caminho, a privação também não conduz ao Senhor. Não são os que escolhem passar fome ou vestir trapos que se aproximam do Pai, pois o Santíssimo não vos chamou para a miséria, mas para o equilíbrio. As flores do campo não guardam mais do que precisam, mas também não se privam da luz do sol ou da água da chuva que as nutrem. Elas vivem em harmonia com o que lhes é dado, e nessa harmonia encontram a plenitude. Assumir o caminho de privações extremas é desviar-se da sabedoria da coluna do meio, que é o verdadeiro equilíbrio.

O Senhor dos Mundos não exige que abandoneis tudo o que tendes, mas que useis o que possuís com sabedoria, generosidade e propósito. Assim como a balança precisa de pesos iguais para manter-se estável, vossa vida deve encontrar o ponto justo entre o muito e o pouco, entre o ter e o nada possuir. Vivi de modo a suprir vossas necessidades e as de vossos irmãos, sem acumular por egoísmo e sem privar-vos por vaidade, crendo que o sacrifício conduz ao Eterno; pois Ele os criou para o prazer e não para a dor.

O caminho ao Senhor não se encontra nos extremos, mas na sabedoria do meio, onde reina a harmonia entre o espírito e a matéria. Aquele que caminha no equilíbrio da coluna do meio verá o reflexo do Divino em todas as coisas e estará um degrau mais acima rumo à santidade do Pai. Pois, em verdade, o Santíssimo habita no equilíbrio, onde a alma encontra sua paz e a criação expressa sua perfeição.

Após estas palavras, o Mestre continuou a guiar os doze pelo jardim místico. O céu estava aberto, e o sol banhava a relva úmida com sua luz. Em certo momento, o Mestre fitou o solo por alguns instantes, abaixou-se e tomou em suas mãos um cristal hialino de sete faces. Ele contemplou o mineral por alguns momentos e, então, ergueu-o aos céus. A luz, ao incidir sobre o cristal, refletiu um arco-íris que se formou no céu, deixando os doze admirados.

—Vede o arco-íris que se estabelece no firmamento sobre vossas cabeças. Percebei que a luz se divide em cores, mas, na realidade, é uma só. Da luz inicial, todas as demais foram geradas e preencheram o firmamento. Assim, digo-vos em verdade: a luz que emanou do Supremo criou todas as coisas e preencheu o universo com vida. Pois, assim como Deus é o sol de onde emana a luz, vós sois, cada um, uma cor da luz original: diferentes nas cores, mas iguais na origem. Esta é a quinta Lei escrita pelo Senhor.

O mais velho dos doze, o mais observador, perguntou ao Mestre:

— Mestre, como devemos lidar com todos aqueles que são diferentes, como os gentios e os samaritanos?

— Pois em verdade vos digo que, quanto mais galgas os degraus rumo à sua volta ao sutil, maior será o seu entendimento de que as diferenças não existem.

Dizendo isso, o Mestre tomou alguns gravetos secos do chão, arrumou-os em pilha e fez fogo. Após alguns instantes, quando a fumaça começou a subir aos céus, o Mestre olhou para seu indagador e respondeu:

— Vê que o fogo transforma o que está morto em fumaça, que, ao subir aos céus, se dissipa e se torna parte dele. Nela, não conseguimos distinguir qual galho era de acácia ou de tamareira, nem qual era mais seco ou mais úmido, pois todos se tornaram fumaça e subiram aos céus igualmente.

Em verdade vos digo que a *gnose* é o fogo que nos libertará da matéria e permitirá que nossa essência retorne ao Eterno e nele se dissipe, pois tudo Dele veio e a Ele tudo deverá retornar. Assim, digo-vos ainda: não há diferença entre irmãos, sejam de raças distintas, religiões variadas ou quaisquer outras orientações que os diferenciem na carne ou nos costumes.

Pois, certamente, vos afirmo: todos são frutos da mesma luz; todos emanam do mesmo Criador. Aquele que deseja elevar-se ao Senhor deve aprender a tolerar, aceitar e amar a todos, sem exceção. Não é pelos olhos da matéria que se reconhece a obra divina, mas pelo espírito que habita cada um de vós. Assim como criticar um filho pode ferir o coração de seu pai, subjugar ou desprezar vosso irmão é ofender a criação mais perfeita de Deus.

Não há maior afronta ao Santíssimo do que rejeitar aquele que Ele próprio fez à Sua imagem e semelhança. Cada alma, por mais distinta que pareça, carrega em si a fagulha divina, e é vosso dever respeitá-la como parte do Todo. Se vós, ao caminhardes por um jardim, arrancardes uma flor por ser de outra cor ou forma, não estais desrespeitando apenas a flor, mas também o jardineiro que a plantou.

Assim ocorre quando julgais ou oprimis vosso irmão: atacais a obra do Criador, que vos deu a vida e a capacidade de amar. Portanto, vivei em harmonia com vossos irmãos e lembrai-vos de que o Senhor não faz distinção entre Suas criaturas.

Se Ele ama a todos com igual intensidade, quem sois vós para agir de outra forma? Amar, aceitar e respeitar é o caminho da elevação, pois aquele que vê o Divino em todas as coisas estará mais próximo do lar Eterno.

Pararam então os doze e o Mestre à beira de um riacho que corria incessantemente.

— Observai este riacho, cujas águas sobem nas chuvas e recuam na estiagem. A cheia satura o solo e o torna fértil, enquanto a estiagem permite que o agricultor cultive o grão. Assim, o homem não pode cultivar na cheia e deve esperar que o riacho recue o suficiente para o plantio. Pois, em verdade vos digo: em tudo o que foi criado, há ritmo. Tudo tem fluxo e refluxo; todas as coisas sobem e descem. Dessa maneira, se manifesta a cadência divina. O sol nasce e se põe; vossos dias têm ciclos de luz e escuridão. Hoje, estais a gozar a vida; amanhã, descansareis na morte. Essa é a sexta Lei do Senhor.

Um dos discípulos, o mais resiliente, perguntou ao Mestre:

—Senhor, como essa lei se manifesta em nossas vidas?

— Tal como a primavera sucede ao inverno, vossos momentos de adversidade são seguidos por tempos de prosperidade. Aceitai os ciclos da vida com serenidade. Não temais a queda, pois ela precede a ascensão. Da mesma maneira que a ave que renasce das cinzas, vossa alma se renovará a cada ciclo. Imaginai vossa vida como um ciclo eterno de renovação, onde cada fim é, na verdade, apenas um novo começo.

Continuando sua caminhada pelo jardim místico, o Mestre parou em frente a um roseiral. Tomando uma rosa em suas mãos, virou-se para os discípulos e disse:

— Sede como esta rosa, e podereis voltar à casa do Eterno. Pois, em verdade vos digo: assim como esta flor encerra em si o passivo e o ativo e os harmoniza, deveis transcender toda dualidade, pois ela só existe na matéria, não no espírito. Diz a Lei do Senhor que a vida tridimensional somente pode ser concebida pela união dos gêneros. Atentai, meus amados: à medida que subis a escada para o céu, as dualidades se desvanecem, até que o que é dual se funda na Mônada Universal. Este é o propósito de cada um: aquele que caiu deve se levantar, e aquele que já se levantou deve seguir o caminho de volta para casa. Compreendei o princípio do gênero. Cultivai a força e a suavidade, a ação e a receptividade. Equilibrai vosso ser interior, e vossa vida refletirá essa harmonia. Assim como a lua reflete a luz do sol, vossa alma deve espelhar o equilíbrio divino. Esta é a sétima Lei do Santíssimo.

O Mestre finalizou:

— Meus amados, ao compreenderdes e aplicardes estas sete leis universais, vosso caminho será iluminado pela sabedoria eterna. Que vossas mentes sejam como o céu estrelado, refletindo a luz do Eterno. Assim seja.

Com essas palavras, o Mestre olhou para seus discípulos, que absorviam a sabedoria compartilhada, prontos para aplicar os ensinamentos universais em suas jornadas espirituais. O sol continuava a emanar sua energia dourada, como uma testemunha silenciosa do conhecimento revelado naquela manhã sagrada no jardim místico do espírito.

Com a mente leve e os corações cheios de sabedoria, o Mestre e seus discípulos deixaram o jardim místico. A luz do sol já estava alta no céu, mas suas lições ecoavam como as estrelas que haviam brilhado na noite anterior.

Cada passo no jardim trouxe uma compreensão mais profunda das leis do universo e da unidade de todas as coisas. Contudo, o Mestre sabia que, para completar sua missão, novos caminhos os aguardavam. Agora, o destino era Jerusalém, onde um evento de grande importância estava prestes a ser revelado.

A busca pelo Aleph estava próxima do seu fim.

Capítulo 8

ENCONTRANDO O ALEPH

O Mestre e os doze deixaram o jardim místico e tomaram a estrada rumo a Jerusalém para a celebração da Páscoa. À medida que avançavam, a paisagem mudava, e o brilho do jardim místico dava lugar às colinas áridas que cercavam a cidade. No entanto, o Mestre sabia em seu íntimo que aquela não seria uma viagem como as outras. Uma nova revelação, um novo ciclo, estava prestes a surgir.

Após um longo dia de viagem, o Mestre e seus discípulos pararam para descansar junto a um poço e pernoitar. O sol se pôs, e uma fogueira foi acesa para aquecer a todos. O firmamento noturno estava preenchido com estrelas, e a Lua era refletida nas águas trêmulas e cristalinas do poço; enquanto as copas das palmeiras farfalhavam ao sabor do vento, indicando a todos que a temperatura estava a cair.

Os doze e o Mestre, sentados ao redor da fogueira, pouco conversaram devido ao cansaço da caminhada e à ansiedade de chegar ao Templo para os rituais da Páscoa. O jantar foi compartilhado entre todos e compunha-se de figos e tâmaras secos, pão ázimo, peixe salgado e vinho. Após a ceia, cada um tomou para si suas mochilas, fazendo-as de travesseiros, e dormiram; todavia, o Mestre, que estava sem sono, levantou-se e, afastando-se dos demais, sentou-se sobre uma pedra e começou a meditar. Foi então que o anjo Gabriel apareceu e lhe disse:

— Vejo que você está indo para as festividades de Páscoa.

— Sim, estou me dirigindo ao Templo para prestar culto ao Eterno e relembrar a libertação do povo do jugo dos egípcios por Moisés, pois esta é a Lei.

— Pois venho em nome do Santíssimo, que decretou que não será de ti a missão de entregar aos seus filhos a palavra que os guiará de Malkuth rumo a Kether. É chegada a hora de enviar os doze para preparar o povo para Aquele que virá; envia-os para o Norte, Sul, Leste e Oeste e entre sozinho na cidade do Santíssimo. Pois é da vontade do Senhor que tu encontres lá o Aleph e o guie até que seja a hora de seu ministério. A ele tu deverás chamar de aluno, para que no futuro todos possam chamá-lo de Mestre, inclusive tu.

— Como poderei encontrar uma pessoa que nem mesmo conheço ou sei como se parece? Disse o Mestre, ajoelhando-se e baixando a cabeça em sinal de humildade e obediência; entretanto, sem deixar de mostrar um pouco de decepção.

— Achas mesmo que chegaste até aqui por mera coincidência? Chegarás à cidade de David e serás guiado pelo que chamas de intuição, mas que na verdade nada mais é que os sussurros da consciência cósmica em tua mente material. A decepção que sinto em tua alma é uma prova de que ainda não estás completo para operar os prodígios que somente os eleitos e os santos são capazes. Apesar de sermos almas únicas perante o Eterno, devemos sempre lembrar-nos de que, para o ciclo da existência continuar a se movimentar, é necessário que o novo dê lugar ao velho, que o experiente dê lugar ao novato, que a rocha vire pó e se torne terra para que, nesta, cresçam as flores. Pois lhe digo que a jarra somente pode ser cheia com vinho novo após esta ser esvaziada por completo, pois, se o vinho fica por muito tempo na jarra, ele se torna vinagre e não servirá mais para o consumo. A tarefa confiada a ti pelo Senhor será dar início ao caminho do Aleph, aquele que trará a Verdade que poucos entenderão, muitos corromperão e mais ainda serão os que a condenarão. Agora vá e junte-se aos seus e nada diga a eles.

O Mestre voltou junto aos seus discípulos e passou a noite toda em meditação, procurando entender como poderia encontrar uma pessoa que não conhecia dentro de uma cidade que, nesta época do ano, praticamente dobrava sua população. "É como achar uma agulha em um palheiro", pensava consigo; todavia, após algum tempo, o Mestre pegou no sono e adormeceu.

Foi quando apareceu para ele em sonho Elias e disse ao Mestre:

— Por que homem estás com o semblante inseguro e decepcionado? Tens saúde, és sábio e o Santíssimo te provê tudo o que precisas e, mesmo assim, demonstras insatisfação.

O Mestre reconhecendo a figura do profeta, abaixou a cabeça e ajoelhou-se ao chão em reverência:

—Não sei como encontrar esta pessoa a quem o anjo me ordenou. A cidade está cheia e não sei nem por onde começar.

— Homem de pouca fé; por acaso já não presenciaste os prodígios que o Santíssimo operou em sua vida? Achas mesmo que Ele lhe confiaria esta tarefa caso não o julgasse capaz para tal? Pois te digo que, desde antes de sua vida terrena, já estava acertada sua missão neste mundo e tudo o que ocorreu até este instante já havia sido tratado entre você e o Santíssimo. Nada que acontece nos universos ocorre sem a permissão Dele. Se estás aqui hoje conversando comigo, é porque estás onde deverias estar de acordo com os desígnios do Senhor, pois tudo que há, houve e será provém de sua Mente. O tempo dos desígnios do Santíssimo é exato; tudo acontece no momento certo, nem um instante a menos, nem um a mais. O que tens é o que deves ter; o que és é o que deves ser; esta é a Lei.

— Não entendo, se sou e estou onde deveria estar, onde há espaço para o livre-arbítrio?

— Meu irmão, vejo que ainda não entendeste algumas das Leis do Senhor, por isso estou aqui para lhe explicar. A sua missão neste mundo já está acertada de acordo com os desígnios do Senhor antes de sua encarnação e você deverá cumpri-la durante o tempo de vida que lhe foi concedido. Cada pessoa já nasce com o tempo de vida dimensionado de acordo com a tarefa que irá cumprir na matéria; a permanência além deste tempo atrapalharia a vinda de novos espíritos e prejudicaria o complexo plano do Santíssimo. Tudo deve ser exato e equilibrado no universo. Todavia, apesar de sua missão já estar a ti atribuída, os caminhos que deves tomar em tua busca são de tua responsabilidade, assim como se irás cumpri-la ou não. Esse é o seu livre arbítrio.

Entretanto, deves lembrar que o objetivo de tua vinda para cá também é a tua evolução espiritual e o pagamento de tuas dívidas com o universo. Sendo assim, deves tomar cuidado para que, ao invés de sanar tuas pendências, não venhas a acumular novas. Alegra-te, pois a ti foi confiada a mais importante das tarefas. Você deverá encontrar Aquele que irá trazer a palavra do Senhor e realizará prodígios em Seu nome. Você será a pessoa que irá conduzir o Aleph até que seja a hora de seu ministério.

Após concluir sua preleção, Elias voltou ao céu, deixando o Mestre de joelhos e com a cabeça abaixada; para, em seguida, acordar de seu sono.

O sol já havia há pouco se apresentado no firmamento quando o Mestre acordou todos os doze e os convidou para o desjejum. Todos sentaram-se em círculo em volta de uma pequena fogueira e tomaram cada qual sua refeição. Ao final, vendo que todos haviam terminado e estavam satisfeitos, o Mestre abriu sua bolsa e pegou alguns objetos, e estes eram: 12 pequenas pedras; 12 pedaços de pão e 12 gravetos secos; em seguida, deu um de cada para cada um dos discípulos.

Todos ficaram surpresos com a atitude do Mestre; não entendiam o que aquilo significava. Foi então que o Mestre, vendo o olhar de confusão na face de seus discípulos, disse:

— Meus irmãos, não é o mestre maior do que o aprendiz, nem o aprendiz inferior ao seu mestre; sendo assim, é chegada a hora de eu os enviar para que espalhem a palavra do Santíssimo a todos que dela queiram se alimentar. Três de vocês deverão ir para o norte, três para o sul, três para o oeste e três para o leste. Agora, vocês deverão ser os mestres de suas vidas, pois o Senhor os julgou prontos para iniciarem cada um sua jornada individual rumo à transcendência. É a missão de vocês levar os ensinamentos que aprenderam e preparar o caminho para Aquele que virá, o Aleph. Pois, em verdade, vos digo que na cidade que fores bem recebidos, fiquem lá por sete dias; naquela que fores mal-recebidos, fiquem por sete dias vezes sete; pois é o doente que precisa do médico e, quanto mais grave a enfermidade for, maior será o tempo para a cura. Não temas os obstáculos e infortúnios que certamente virão, pois estes nada mais são do que provações necessárias que todos devemos passar nessa existência para que possamos progredir no caminho do Senhor, pois, como disse Elias a mim na noite passada em sonho, tudo o que ocorre neste mundo está sob os desígnios do Santíssimo.

A pedra que dou a cada um de vós é para lembrar-vos que a palavra do Santíssimo é eterna e imutável, e que nossa fé deve ser apoiada sobre ela. Bendito aquele que apoia sua casa em fundação sobre a rocha. O pão irá lembrar-vos que não só a carne precisa de alimento, mas o espírito também. Este será o pão que não irá terminar, pois cada vez que compartilhar com seu irmão uma porção deste, duas porções irão aparecer em suas bolsas. O graveto que levas é para alimentares a fogueira interna dentro de vocês; não a deixe por nenhum momento que se apague, pois o fogo que carregam é forte e assim deve continuar. Agora, meus irmãos, tomem seu rumo e vão, que as bênçãos do Santíssimo caiam sobre vós.

Os discípulos se levantaram e recolheram seus pertences. Gratos e emocionados, cada um abraçou o Mestre e beijou a mão em sinal de respeito. A partir de agora, todo o conhecimento que eles receberam pelas palavras do Mestre deveria ser colocado em prática e compartilhado com todos. Novamente, o pão e o peixe foram multiplicados pelo Santo dos Santos.

Assim como ordenado, três foram para o leste, três para o norte, três para o sul e três para o oeste e, em poucos instantes, o Mestre encontrava-se sozinho a pouca distância do muro da cidade santa. Cada discípulo que ele via desaparecer na paisagem pensava consigo como seria, daquele instante para frente. Como faria para encontrar o Aleph e como deveria instruir aquele que havia sido eleito pelo Senhor para trazer a palavra ao mundo?

Deixando de lado as dúvidas e tendo a certeza de que Deus o conduziria, o Mestre seguiu rumo a Jerusalém por mais algumas horas, passando pelo Jardim do Getsêmani e entrando pelo portão Oriental da cidade, já que este, além de ser uma entrada usual para os peregrinos que vinham do Oriente, também conferia acesso fácil ao templo situado sobre o Monte.

Como esperado, a cidade estava cheia devido à grande quantidade de pessoas que haviam ido a Jerusalém para a Páscoa. O barulho dos rebanhos de ovelhas passando pelas ruas estreitas em direção ao templo era ensurdecedor, todavia, era reconfortante saber que estava na cidade de Davi para prestar homenagens ao Senhor em sua casa.

O mestre não se envolvia com questões políticas, mas não deixou de reparar que a quantidade de soldados romanos naquele ano havia aumentado significativamente. Estes pareciam tensos, buscando qualquer indício de manifestação ou revolta que pudesse ser fomentada por algum zelote. Jerusalém, apesar da festividade santa, na época da Páscoa, se transformava em um barril de pólvora.

Após se purificar na piscina de Siloé, o Mestre chegou aos muros externos do Templo. O complexo do Templo era magnífico e possuía um formato aproximadamente retangular, com 485 metros no sentido Norte-Sul e 315 metros no sentido Leste-Oeste, e a altura dos muros poderia atingir cerca de 40 metros, construídos com blocos de espessura variando entre 2,5 e 3 metros.

O edifício principal do templo era dividido em três partes: o pátio externo (acessível aos judeus), o lugar santo (somente para os sacerdotes) e o santo dos santos (o local mais sagrado, acessado apenas pelo sumo sacerdote uma vez ao ano, no Dia da Expiação). Este possuía altura de 50 metros, comprimento de 60 metros e largura de 30 metros.

O templo encontrava-se situado no meio de uma grande esplanada com área aproximada de 144.000 metros quadrados (315 metros de comprimento por 485 metros de largura). Os pátios que rodeavam o templo eram divididos por funções e acessos restritos: pátio dos gentios, pátio das mulheres, pátio de Israel e pátio dos sacerdotes.

O edifício possuía diversos portões de grande esplendor; dentre eles, o Portão de Nicanor se destacava. O interior do templo era adornado com ouro, mármore e cortinas do mais fino linho, e em seu interior jaziam rica mobília, como a Menorá, a mesa dos pães da proposição e, no Santo dos Santos, a arca da aliança.

O altar do holocausto era construído com pedras não lavradas, revestidas com cal, e possuía 9 metros de altura por 14 metros de comprimento. Em uma das faces laterais do altar, havia uma rampa, na qual os sacerdotes transportavam os sacrifícios sem expor as suas vestes. Nos quatro cantos superiores do altar, havia projeções de chifres, que significavam proteção e poder. O fogo era sagrado e deveria se manter constantemente aceso pelos sacerdotes. Para o sacrifício, o cordeiro era sangrado, seu sangue aspergido no altar pelos sacerdotes, e suas partes eram lançadas ao fogo. O restante do cordeiro era levado pela família ofertante para servir no Seder de Páscoa.

Ao chegar próximo ao Pátio de Israel, o Mestre notou uma aglomeração de pessoas, como se estivessem assistindo a alguém palestrando sobre algo. Com curiosidade, ele se dirigiu até a multidão e, pedindo licença a algumas pessoas, pôde ver que, na verdade, o que havia no local era um debate entre três Sacerdotes Cohanim e um pequeno garoto franzino de olhos castanhos, cabelo desarrumado e roupa esgarçada, com cerca de 12 anos. A discussão sobre a Torá estava em elevado nível e a admiração dos Cohanim pelo conhecimento e sabedoria do jovem estava clara em suas faces. A multidão ao redor, em silêncio, acompanhava e perguntava entre si: *Quem é este jovem que discute a Torá na mesma altura que os sábios do Templo?*.

O debate durou um certo período de tempo após o Mestre ter chegado e, ao final, os Cohanim cumprimentaram o garoto afagando seus cabelos, e a multidão, aos poucos, se dispersou. O Mestre, admirado com a discussão, mas cansado da viagem, virou as costas para procurar pouso na cidade; contudo, sentiu um pequeno puxão em sua túnica. O Mestre se virou prontamente, temendo que fossem lhe furtar algo; entretanto, notou que era o garoto que havia discutido com os sábios.

— Mestre! — disse o garoto.

— Sim, garoto, o que desejas? Parabéns pelo seu debate com os sábios; foi mesmo admirável.

— Pois lhe digo, senhor, que quando o aprendiz está pronto, o mestre sempre aparecerá na hora certa.

Ao ouvir estas palavras do jovem, o coração do Mestre começou a bater como nunca; suas mãos passaram a suar, todavia, as palmas estavam frias. Uma grande onda de júbilo invadiu o corpo do Mestre, o qual caiu de joelhos em frente ao menino e beijou suas mãos.

Finalmente, ele havia encontrado sua missão.

Ele havia encontrado o Aleph.

Livro 2

ב

Os ensinamentos ocultos de Jesus: revelações escondidas nos evangelhos

Capítulo 9

O SIMBOLISMO OCULTO NOS EVANGELHOS E A TRADIÇÃO JUDAICO-CRISTÃ

A saga de Jesus Cristo, o grande Mestre da fé cristã, é provavelmente a maior história já contada. O Novo Testamento é composto por quatro evangelhos canônicos, intitulados Mateus, Marcos, Lucas e João, que narram sua vida. Além destes, sabe-se que existem outros evangelhos que mencionam a existência de Cristo e que não estão incluídos no cânone bíblico (os chamados evangelhos apócrifos), como, por exemplo, os descobertos na região de Qumran, na Cisjordânia, próximo às margens do Mar Morto, no final dos anos 1940.

Beduínos encontraram esses pergaminhos enquanto pastoreavam seus rebanhos de cabras. Na ocasião, de forma despretensiosa, lançaram pedras em uma caverna e ouviram o som de jarros quebrando. Movidos pela curiosidade, adentraram a caverna e descobriram que lá estavam, dentro de ânforas de barro, diversos pergaminhos em diferentes estados de conservação. Os manuscritos foram posteriormente atribuídos aos essênios, uma comunidade judaica asceta que acreditava na doutrina apocalíptica messiânica, surgida no século II a.C. e desaparecida por volta do ano 60 d.C.

Os relatos encontrados apresentam uma perspectiva de Jesus que difere daquela dos evangelhos convencionais. Os pergaminhos essênios mostram Jesus pregando uma doutrina influenciada pelo gnosticismo, a qual afirma que a salvação da alma só pode ser alcançada por meio do conhecimento e que o propósito da existência humana é promover a evolução do espírito para que ele possa retornar ao princípio que o criou, o Senhor dos Mundos.

No entanto, não pretendo aqui abordar esses evangelhos. Em vez disso, trarei alguns aspectos místicos ocultos que podem ser percebidos com cuidado nos evangelhos canônicos. Muitos cristãos ignoram três coisas importantes: Jesus era judeu, não era cristão e não deixou nenhum documento escrito. É minha intenção destacar esses fatos, pois serão essenciais para a discussão de alguns aspectos místicos dos evangelhos. Além disso, devemos considerar a forma como o cristianismo primitivo se organizou.

Diversas comunidades cristãs surgiram após a crucificação, compostas por judeus e gentios que discutiam as doutrinas do Mestre entre si. Era comum que esses grupos escrevessem seus próprios textos para debater em suas reuniões. Também era comum atribuir a autoria desses textos a figuras importantes, como os discípulos. Essas células nem sempre eram compatíveis entre si e discordavam ocasionalmente dos ensinamentos de Jesus e de sua natureza divina.

O cristianismo começou como uma organização religiosa com uma mensagem de inclusão, ou seja, todos eram bem-vindos a fazer parte de suas fileiras, independentemente de gênero, etnia ou religião. Dessa forma, podemos supor que, neste contexto, os escritos dos líderes primitivos poderiam estar repletos de símbolos e referências às religiões e cultos dos indivíduos que queriam se unir ao cristianismo, como forma de atrair a maior quantidade de adeptos e tornar a entrada destes a mais receptiva e "confortável" possível.

Para começar, vamos discutir o nascimento de Jesus ou Yeshua (Jesus em hebraico עושי), cujo significado é "salvar", "salvação" ou "Deus salva". Ele nasceu no final da era de Áries e no início da era de Peixes.

Os três Reis Magos, Baltasar, Melchior e Gaspar, foram as primeiras testemunhas do nascimento de Jesus. Eles eram astrólogos e provavelmente conheciam a transição entre essas eras. Os Magos vieram do Oriente, direção que simboliza o conhecimento, pois é de onde surge a luz e nasce o sol.

Na tradição antiga, o Oriente não representava apenas uma localização física, mas um ponto de origem espiritual e intelectual. A sabedoria, o conhecimento e as práticas espirituais mais antigas e elevadas vinham dessa região, na qual se encontravam civilizações reconhecidas por seu desenvolvimento em astrologia, filosofia e religião, como a persa, a babilônica e a indiana.

Mirra, ouro e incenso foram os presentes que os magos ofereceram ao recém-nascido. À primeira vista, esses presentes podem parecer incomuns para um bebê com poucas horas de vida. No entanto, ao examiná-los mais atentamente, podemos descobrir uma mensagem intrigante.

O incenso, em termos simbólicos, sempre foi associado ao sagrado e à purificação, evocando o elemento espiritual que eleva com as preces e conecta o homem ao divino. O aroma, ao se desprender e subir aos céus, simboliza a elevação da alma e o refinamento espiritual.

Já a mirra, um perfume ou loção usada tradicionalmente no embalsamamento dos mortos, carrega um simbolismo profundo: representa majestade, valor e estabilidade, além de remeter à mortalidade e ao sacrifício. Seu uso em rituais de preparação para a morte sugere uma aceitação do destino terreno e uma promessa de transcendência.

Esses presentes oferecidos pelos magos podem ser vistos como símbolos do papel que Jesus desempenharia em sua jornada na Terra. O incenso representa seu aspecto divino e sua missão sagrada de purificar e elevar a humanidade. A mirra, por sua vez, antecipa o sacrifício que ele enfrentaria, destacando sua majestade espiritual e a permanência de sua mensagem.

O ouro, frequentemente associado à realeza, sublinha a natureza régia de Jesus, reconhecendo-o como um rei não apenas no sentido terreno, mas como uma figura de autoridade espiritual e divina. Dessa forma, cada presente refletiria aspectos específicos de sua vida e ministério, compondo uma homenagem que vai além do físico e acessa o profundo significado de sua presença entre os homens.

Outro aspecto que merece uma análise mais cuidadosa é a virgindade da mãe de Jesus. Embora casada com José, Maria concebeu Jesus enquanto virgem. Esse detalhe, no contexto da narrativa de Cristo, parece lógico e coerente. Considerando a ideia do pecado original, que marca a humanidade desde sua queda inicial, como poderia o ato sexual — comumente associado à condição humana e às suas limitações — ser o meio através do qual o enviado do Eterno seria concebido?

A virgindade de Maria confere à concepção de Jesus um caráter puro e extraordinário, simbolizando um nascimento que transcende as leis naturais e humanas. Esse evento reitera a santidade de sua origem, destacando-o como uma figura divina, imaculada e intocada pelo pecado.

Assim, a concepção virginal é um símbolo da intervenção direta do Eterno na história humana, separando Jesus das influências terrenas e marcando-o como um ser de origem celestial e propósito divino. Essa visão reforça a ideia de que o nascimento de Jesus não poderia seguir os meios convencionais, pois ele representa a encarnação do sagrado em meio à humanidade.

Portanto, a virgindade de Maria indica que o nascimento do Cristo não é proveniente da interação entre as dualidades materiais, ou seja, entre o passivo e o ativo, o homem e a mulher; mas sim espelha sua origem de planos sutis mais evoluídos, onde a dualidade não existe e o universo é nulo. Sabe-se que a dualidade é uma característica inerente à nossa existência material; porém, sendo Jesus o Mestre Supremo, sua origem não estaria sujeita a essa condição. Esse detalhe nos indica que Cristo, apesar de ter nascido na carne, em algum momento transcenderia a matéria, pois não faz parte integral desta e nela não está preso.

A doutrina cristã afirma que Jesus nasceu no dia 25 de dezembro; data que foi estabelecida pelo imperador Aureliano, no final do século II d.C., para comemorar o nascimento do Sol Invictus, associado ao deus pagão Mitra, que era muito apreciado pelos romanos.

Além disso, no hemisfério norte, esse dia marca o início do solstício de inverno. Destaco que o propósito deste capítulo não é julgar a coerência e a precisão histórica desta data, visto que nem os mais dedicados historiadores e pesquisadores chegaram a uma conclusão assertiva acerca do período do nascimento de Jesus; limitemo-nos aqui somente ao seu significado místico e esotérico.

É durante o solstício de inverno que ocorre a noite mais longa do ano, marcando o ápice da escuridão. A partir desse ponto, a luz começa a retornar gradualmente, e os dias se tornam mais longos. Esse fenômeno simboliza a apoteose do renascimento da Luz, representando o ciclo de renascimento, renovação e regeneração. Nesse contexto, o nascimento de Jesus está associado a esse evento solar, sugerindo que o surgimento da criança divina traria uma nova luz à humanidade, dissipando as trevas espirituais.

Assim como o sol renasce e inicia um novo ciclo de luz após o solstício, o nascimento de Jesus simboliza a chegada de uma força iluminadora destinada a transformar e elevar a condição humana. Ele não apenas representa a esperança de uma era renovada, mas também o retorno da clareza e da verdade, restaurando a conexão entre a humanidade e o divino.

Dessa forma, o nascimento de Jesus no período do solstício de inverno pode ser visto como um marco cósmico, um momento em que a Luz se encarna para guiar a humanidade de volta ao caminho do bem e da salvação.

A ceia que Jesus compartilhou com seus discípulos também possui significados ocultos interessantes. Escolas de mistérios, filosofias e religiões antigas já praticavam refeições ritualísticas séculos antes. Por exemplo, os seguidores do zoroastrismo realizavam uma refeição mística ao término de suas reuniões, enquanto o Seder de Pessach (Jantar de Páscoa) é utilizado pelos judeus para relembrar o exílio no Egito e sua libertação por Moisés.

Uma refeição pode servir como uma poderosa metáfora para a interiorização de ensinamentos místicos e espirituais, utilizando alimentos como figuras arquetípicas tangíveis que representam ideias e verdades mais profundas.

Ao ingerir os alimentos, somos convidados a refletir sobre a natureza desses elementos e o que eles simbolizam. Assim, o ato de comer deixa de ser apenas uma necessidade e se transforma em um ritual de incorporação dos princípios que esses alimentos representam em nosso corpo.

Dessa maneira, o ato de comer consiste na interiorização de um conhecimento místico associado a um determinado alimento, que passa a fazer parte de nosso corpo e se transforma em energia que nos sustenta e nos mantém vivos.

A refeição mística promove a união entre o humano e o divino, ajudando o praticante a vivenciar o ensinamento de forma mais profunda e pessoal. Cada alimento no ritual carrega uma carga simbólica que lembra o indivíduo da necessidade de alimentar a alma e de integrar os ensinamentos espirituais no seu ser, transformando-os em parte de sua própria essência e prática diária.

Por exemplo, a transformação do pão em carne e do vinho em sangue nos leva a pensar sobre a necessidade de atingir a incorporação espiritual dos ensinamentos do Mestre por meio da transformação da matéria.

Ao explorar os simbolismos ocultos nos evangelhos de Mateus, Lucas, Marcos e João, a ressurreição do Mestre emerge sob uma perspectiva distinta da interpretação tradicional da Igreja, representando o renascimento do pensamento e do espírito.

A ressurreição não deve ser vista de forma literal, mas sim como o retorno do espírito do Cristo à sua fonte universal (o Eterno, inefável e indivisível). É a consagração da parábola do filho pródigo que retorna à casa do pai, a conquista do Nirvana ou a abertura dos portões da Jerusalém celestial. É um pensamento bastante simplista e incorreto admitirmos que o Mestre ascendeu em carne aos céus após a sua ressurreição.

Se considerarmos a Árvore da Vida apresentada na Cabalá, a existência é composta por quatro mundos, do mais denso ao mais sutil. Cada mundo corresponde a um estágio do processo de criação e manifestação do divino, do mais elevado e espiritual ao mais concreto e material, a saber: Mundo da Emanação (Atzilut), Mundo da Criação (Briah), Mundo da Formação (Yetzirá) e Mundo da Ação (Asiah).

Assim, durante sua ressurreição, Jesus transcende o mundo da matéria (Asiah) rumo ao da pura emanação (Atzilut), onde a existência ocorre no estado espiritual, sutil, onde não há mais a matéria e a dualidade que a caracteriza. O Cristo não habita mais a tridimensionalidade do nosso universo percebido.

Portanto, podemos assumir que os quarenta dias que Jesus passou entre sua ressurreição e ascensão foram necessários para que ele, aos poucos, se libertasse de seu invólucro material para poder transcender aos planos sutis espirituais.

Lembro que o número "quarenta" sempre foi apresentado nas escolas místicas e esotéricas como correspondendo a um período de transformação, provação e purificação. Esse número aparece frequentemente em momentos de transição e crescimento espiritual, onde a purificação, tanto física quanto espiritual, é necessária para um novo começo ou uma nova etapa de consciência (isso será mais detalhado em capítulo posterior).

Em várias partes dos evangelhos, Cristo já alertava seus discípulos de que o conhecimento que Ele transmitia deveria ser compreendido em diversas camadas, não apenas no sentido literal. No capítulo 4 do livro de Marcos, Jesus foi questionado pelos discípulos sobre o significado da parábola do semeador. Em resposta, Ele disse:

> *O mistério do Reino de Deus é revelado a você, mas parábolas são apresentadas aos que estão fora. Devido a isso, eles olham sem perceber, escutam sem entender, e não conseguem se transformar ou receber perdão. Você não consegue entender essa história? Como podes então entender todas as outras?* (Marcos 4:11-13).

Além disso, o Mestre adverte que nem todos estão preparados ou suficientemente evoluídos para compreender os mistérios ocultos de sua mensagem. Conforme os textos de Mateus 7:6-8 e Lucas 8:17-18, a salvação do espírito — o retorno ao Eterno — deve ser conquistada por meio da perseverança e do estudo individual, reservado àqueles dispostos a compreendê-lo.

> *Não dê aos cães ou porcos o que é sagrado, nem atirem suas pérolas a eles; caso contrário, eles as pisarão e voltarão contra você. Peçam, e eles serão atendidos; busquem, e eles encontrão; batam, e a porta será aberta. Afinal, tudo o que você pede é concedido, tudo o que busca é encontrado e a porta será aberta para aquele que bate* (Mateus 7:6-8).

> *Porque nada há oculto que não haja de manifestar-se, nem escondido que não venha a ser conhecido e revelado. Vede, pois, como ouvis; porque ao que tiver, se lhe dará; e ao que não tiver, até aquilo que julga ter lhe será tirado* (Lucas 8:17–18).

O significado oculto dos eventos que ocorreram depois da morte de Cristo, conforme descrito em Mateus 27:50-51, é outro ponto que devemos examinar com mais cuidado:

> *Jesus entregou o espírito depois de bradar mais uma vez em alta voz. Naquele momento, o véu do santuário rasgou-se de alto a baixo em duas partes. "A terra tremeu e as rochas se partiram* (Mateus, 27:50 e 51).

Esse trecho também não deve ser interpretado de forma literal, assim como os outros já discutidos. É pouco provável que tenha ocorrido um terremoto em Jerusalém, que as pedras do templo tenham se partido ou que o véu do santuário (o Santo dos Santos) tenha se rompido espontaneamente. Em minha visão, esses versículos ganham ainda mais força e significado quando analisados sob uma perspectiva simbólica.

O véu simboliza tudo o que é secreto, incluindo "ocultamento" e "mistério". Esse símbolo é frequentemente usado para representar informações não acessíveis a pessoas comuns. Assim, a remoção ou ruptura deste simboliza o oposto: revelação e iniciação. Por outro lado, quando as rochas se rompem e a estrutura do templo colapsa, o templo precisa ser reformado ou reconstruído mais tarde, representando a necessidade de uma construção completamente nova.

Desse modo, os versos 50 e 51 de Mateus 27 parecem focar mais em transmitir uma mensagem sobre o retorno de Cristo ao Eterno do que em descrever um evento geológico específico. Com a morte material do Mestre, um novo ensinamento espiritual foi criado: o amor supera a lei, e fazer caridade com os pobres torna-se mais importante do que fazer doações ao templo.

Assim, os antigos sistemas religiosos e filosóficos foram destruídos, e um novo templo deve ser erguido dentro de cada um de nós. O que era, não seria mais; e o que nunca havia sido, passou a ser. Todos os mistérios e segredos até então ocultos foram revelados quando o véu se rompeu. A partir desse ponto, a "salvação" passou a ser possível de ser alcançada individualmente, sem intermediários, apenas com base nos ensinamentos de Cristo.

Logo após realizar o Seder de Pessach (ceia realizada com os discípulos para comemorar a Páscoa judaica), Jesus meditou no Jardim do Getsêmani, pouco antes de ser preso. O Mestre, aflito e solitário, começou a suar sangue ao saber que sua morte estava próxima.

> *Ele se afastou deles um pouco, se ajoelhou e começou a orar dizendo: "Pai, se queres, afasta de mim este cálice; contudo, não seja feita a minha vontade, mas a tua". Um anjo do céu o confortou então. Como resultado de sua angústia, ele orou ainda mais forte. Seu suor era como gotas de sangue que caíam no chão* (Lucas 22:41-44).

Para dar ao leitor uma noção do sofrimento do Mestre, tanto o nome do local onde Jesus se dispôs a meditar quanto o "milagre" de suar sangue foram utilizados como representações simbólicas importantes.

É sabido que Getsêmani fica no Monte das Oliveiras e significa em hebraico "Prensa de Oliva" (גת שמנים - *Gat Shemanim*). No simbolismo judaico, o azeite, um líquido precioso extraído da prensagem da azeitona, representa a presença do homem perante o Eterno. O azeite é utilizado por reis e sacerdotes, conduzindo à ideia de iluminação espiritual; sustenta o homem, simbolizando alimento para o espírito; e é utilizado no tratamento de doenças, simbolizando purificação e cura.

O mosto resultante do esmagamento das azeitonas é colocado em bolsas de juta para a extração do azeite. Essas bolsas são então comprimidas por uma prensa, e o azeite, antes de ser purificado, escoa através delas com uma coloração avermelhada, semelhante à do sangue.

Assim, no Getsêmani, Jesus (Cristo em grego significa "ungido") sente toda a pressão dos pecados do mundo (assim como a pressão exercida pela prensa de olivas) e seu sangue (óleo decorrente da purificação do azeite), o que simboliza que seu sacrifício trará a iluminação e o alimento espiritual para a humanidade.

O termo "Páscoa" vem do hebraico "Pessach", que significa passagem. Também se refere a festividades pagãs que ocorrem entre o inverno e a primavera (o equinócio da primavera no hemisfério norte e o equinócio do outono no hemisfério sul).

O jantar em família, conhecido como Seder, é uma das principais celebrações judaicas, marcado pelo consumo de alimentos ricos em simbolismo cultural. Os três alimentos centrais desse jantar são o cordeiro, os pães ázimos e as ervas amargas, cada um com um significado especial. A cerimônia tem como objetivo transmitir às novas gerações os ensinamentos da Torá. Na véspera da celebração, realiza-se uma limpeza rigorosa nas casas, removendo qualquer elemento que possa violar os valores e preceitos judaicos.

O cordeiro, ou pesah, "*é o sacrifício da Páscoa do Eterno, que passou pelas casas dos filhos de Israel no Egito, quando feriu os egípcios e livrou nossas casas*" (Êxodo, capítulo 12:27). O pão ázimo, ou matzah, não continha fermento e foi preparado rapidamente antes da fuga do Egito.

> *E fizeram bolos ázimos com a massa que trouxeram do Egito, pois ela não tinha levedado, pois foram lançados do Egito. Eles não podiam parar nem preparar comida* (Êxodo 12:39).

Tal como o fermento enche o pão de ar, tornando-o imperfeito, o pão também causa ao homem imperfeições morais e negativas, tornando-o vazio. É assim que o pão deve ser transmitido às gerações. Além disso, as ervas amargas, ou maror, são usadas para lembrar os judeus da vida difícil que passaram no Egito como escravos.

> *Assim, eles passavam a vida amargurada trabalhando duramente em barro e tijolos, bem como trabalhando no campo, além de outros trabalhos* (Êxodo 11:14).

Todavia, a Páscoa cristã, apesar de no início ser comemorada na mesma época da Páscoa judaica, a data foi alterada no concílio de Nicéia (325 d.C.), não sendo esta mais realizada no 14º dia de Nissan, do calendário lunar judaico. A Páscoa cristã passou a ser celebrada no primeiro domingo após a primeira lua cheia que ocorre no equinócio de primavera no hemisfério norte. Ademais, a Páscoa cristã celebra a paixão de Jesus e sua ressurreição; enquanto a Pessach celebra a libertação do povo de Israel do Egito.

Dentro deste contexto, o leitor pode ficar confuso com a relação entre a Páscoa Cristã e a Pessach judaica e julgar que ambas são festividades completamente distintas entre si (o que já gerou alguns conflitos entre judeus e cristãos durante a história).

A verdade é que ambas as "festividades\" estão relacionadas umas às outras, embora pareçam separadas. Portanto, após uma interpretação mais apurada de ambas, resolvi fazer a seguinte comparação:

Quadro 2 – Comparação entre Páscoa Cristã e Pessach

PESSACH	PÁSCOA CRISTÃ
Dez dias antes do Seder, devia-se escolher no rebanho uma ovelha sem mácula ou defeito.	Yeshua foi escolhido pelo Eterno para vir ao mundo. O Mestre viveu sem a mácula de ter pecado.
A ovelha deve ser levada para dentro de casa e lá ficar.	Antes de seu sacrifício, Yeshua adentra Jerusalém (cidade estabelecida pelo rei Davi) e lá fica até a sua morte.
Antes da semana do Pessach, todas as casas judaicas devem passar por uma limpeza simbólica para eliminar qualquer traço de pão com fermento.	O Mestre faz a limpeza do Templo (a casa do Senhor – representação arquetípica do Homem), expulsando os cambistas e comerciantes.
No dia do sacrifício da ovelha, esta deveria ser inspecionada e avaliada pelos sacerdotes a fim de se constatar que não possuísse máculas.	Quanto foi submetido ao julgamento de Pilatos, este não viu qualquer culpa no Mestre.
O sacrifício da ovelha era realizado de forma que nenhum osso desta fosse quebrado.	Quando o corpo material de Yeshua morreu, o centurião foi impedido de quebrar as pernas dele na cruz. Este era um costume para verificar se o crucificado estava realmente morto ou para acelerar a sua morte.
A Pessach comemora a saída do povo de Israel do Egito, mas também simboliza a prevalência da Luz sobre as trevas (equinócio de primavera).	O Mestre ressuscita, deixa as trevas da morte e ascende aos Céus em luz.
Moisés libertou o povo de Israel e foi o grande mensageiro da era astrológica de Áries.	O símbolo de Áries é um cordeiro. Yeshua é chamado de "o Cordeiro de D'us".
O vinho no Seder de Pessach simboliza o sangue do cordeiro que foi passado no batente das casas do povo de Israel e protegeu os primogênitos contra o anjo da morte (10ª praga do Egito).	O vinho é o sangue do cordeiro de Deus (Yeshua). Este nos protege do mal e lava a nossa alma de nossos pecados.
O matzah é distribuído. Este pão não possui fermento, uma vez que simboliza o ego do homem e suas vaidades.	Yeshua partilha o pão entre os apóstolos e diz que é sua carne. Não há pecado ou impureza na carne de Cristo.
Era costume, durante o Seder, que os servos lavassem os pés dos convidados.	Yeshua lavou os pés de todos os discípulos, demonstrando sua humildade.

Capítulo 10

CONEXÕES ENTRE A ASTROLOGIA, O NASCIMENTO E VIDA DE JESUS E O DESENVOLVIMENTO DOS EVANGELHOS

Jesus como o representante da Era de Peixes

Muitos relatos e interpretações dos Evangelhos sobre a vida de Jesus podem ter sido influenciados pela astrologia, uma prática amplamente difundida entre as primeiras comunidades cristãs do século I, estabelecidas em regiões de forte influência helenística.

Assim, as influências astrológicas nos ensinamentos cristãos na época eram comuns e profundas; e isso pode se verificar em diferentes etapas da vida do Mestre relatadas nos evangelhos sinópticos. A análise de alguns desses trechos será o objetivo deste capítulo.

Os três reis magos, chamados Baltasar, Melchior e Gaspar, eram astrólogos e acompanharam uma estrela até o local onde Jesus nasceu. Essa estrela, que é frequentemente associada à Estrela de Belém, é um símbolo astrológico que representa um evento importante no céu. A importância do alinhamento astrológico no nascimento de Jesus é enfatizada, pois indicaria o início de uma nova era.

Para compreendermos a relação entre a história de Jesus, apresentada nos evangelhos canônicos e apócrifos, e sua conexão com a astrologia, é necessário, antes de tudo, entender, mesmo que superficialmente, o conceito de precessão equinocial.

No entanto, antes de aprofundar neste estudo, gostaria de expressar minha decepção em relação a certos intelectuais e representantes da ciência que costumam rotular a astrologia como uma pseudociência. Muitas vezes, essa visão é baseada apenas em colunas simplificadas de horóscopo, publicadas diariamente em jornais e sites de entretenimento. Essa abordagem reducionista não faz justiça à astrologia, que é, na verdade, uma ciência ancestral e precursora da astronomia. Durante séculos, a astrologia orientou civilizações em questões religiosas, filosóficas, agrícolas, arquitetônicas e muito mais.

A prática astrológica remonta a cerca de 3000 a 2000 a.C., surgindo na antiga Mesopotâmia, especialmente entre os sumérios e babilônios. Posteriormente, também foi amplamente estudada pelos egípcios (2000 a 1000 a.C.), difundida no Ocidente durante o período helenístico (por volta de 300 a.C.), na Índia e na Europa, durante a Idade Média e o Renascimento, até chegar aos dias atuais. Portanto, é precipitado e superficial considerar a astrologia como um conhecimento baseado em superstições ou sem relevância.

Agora, voltando ao conceito central deste estudo, a precessão equinocial é um fenômeno astronômico em que o eixo da Terra realiza um movimento gradual e completo ao longo de aproximadamente 25.920 anos, conhecido também como o Grande Ano ou Ano Platônico.

Esse movimento resulta na lenta mudança do ponto dos equinócios através dos doze signos do zodíaco, com cada era astrológica durando cerca de 2.160 anos. Essas eras têm sido associadas a grandes transformações culturais e espirituais na história, cada uma refletindo características específicas do signo correspondente.

Vamos considerar as últimas eras astrológicas de acordo com o conceito de precessão equinocial: Touro, Áries, Peixes e Aquário (por vir ainda). Destaco que o entendimento de cada uma destas eras é de grande importância para que entendamos os contextos que são apresentados nos livros sagrados, dentre eles a Bíblia, bem como o surgimento dos avatares espirituais.

Era de Touro (aproximadamente 4.320 a 2.160 a.C.)

A Era de Touro foi marcada por um período de civilizações agrícolas, com uma forte conexão com a terra, o cultivo e o simbolismo da fertilidade e prosperidade. O signo de Touro, representado pelo touro, é associado à estabilidade, produtividade, materialismo e conexão com os ciclos da natureza. Durante esse período, a adoração de símbolos taurinos foi evidente em várias culturas. É nesta era que teria sido cometido o assassinato de Abel por seu irmão Caim. Sabe-se que Caim era agricultor e seu irmão pastor. Diz a Bíblia:

> *E conheceu Adão a Eva, sua mulher, e ela concebeu e deu à luz a Caim, e disse: Alcancei do Senhor um homem. E deu à luz mais a seu irmão Abel; e Abel foi pastor de ovelhas, e Caim foi lavrador da terra. E aconteceu ao cabo de dias que Caim trouxe do fruto da terra uma oferta ao Senhor. E Abel também trouxe dos primogênitos das suas ovelhas, e da sua gordura; e atentou o Senhor para Abel e para a sua oferta. Mas para Caim e para a sua oferta não atentou. E irou-se Caim fortemente, e descaiu-lhe o semblante. E o Senhor disse a Caim: Por que te iraste? E por que descaiu o teu semblante?* (Gênesis 4:1-6).

E continua a história contando que ambos os irmãos ofereceram sacrifícios ao Eterno; todavia, somente o de Abel agradou a Deus, que rejeitou o de Caim. Enfurecido e com ciúmes, Caim assassinou seu irmão.

> *E falou Caim com o seu irmão Abel; e sucedeu que, estando eles no campo, se levantou Caim contra o seu irmão Abel, e o matou* (Gênesis 4:8).

Esta sempre me pareceu uma história confusa. Por que o Santíssimo, que havia instruído Adão a plantar e colher o fruto da terra com seu trabalho e suor, desprezaria a oferta da melhor colheita feita por Caim, o agricultor, e aceitaria apenas a oferta de seu irmão, o pastor Abel?

Alguns estudiosos sugerem que este "fato" teria ocorrido entre 4.000 e 3.000 a.C., durante a Era de Touro. Nesse contexto, podemos especular que essa passagem pode estar indicando como deveriam ser os sacrifícios do povo hebreu a Deus, cuja formação se daria na era seguinte, a de Áries; ou seja, que cordeiros deveriam ser sacrificados para honrar o Divino, prenunciando a era seguinte de Áries.

Outra história que podemos destacar e que possui grande importância no livro de Gênesis e marca de forma significativa a transição entre as eras de Touro e Áries é a de Abraão, quando este recebeu de Deus a ordem de sacrificar seu filho Isaque no monte Moriá.

E aconteceu depois destas coisas, que provou Deus a Abraão, e disse-lhe: Abraão! E ele disse: Eis-me aqui. E disse: Toma agora o teu filho, o teu único filho, Isaque, a quem amas, e vai-te à terra de Moriá, e oferece-o ali em holocausto sobre uma das montanhas, que eu te direi. Então se levantou Avraham pela manhã de madrugada, e albardou o seu jumento, e tomou consigo dois de seus moços e Isaque seu filho; e cortou lenha para o holocausto, e levantou-se, e foi ao lugar que Deus lhe dissera (Gênesis 22:1-3).

Entretanto, consta na Bíblia que, quando o patriarca iria oferecer em holocausto seu varão, um cordeiro apareceu entre as moitas e Deus permitiu que Abraão substituísse o sacrifício de Isaque pelo do animal.

E estendeu Abrãao a sua mão, e tomou o cutelo para imolar o seu filho. Mas o anjo do Senhor lhe bradou desde os céus, e disse: Avraham, Abraão! E ele disse: Eis-me aqui. Então disse: Não estendas a tua mão sobre o moço, e não lhe faças nada; porquanto agora sei que temes a Deus, e não me negaste o teu filho, o teu único filho. Então levantou Abrãao os seus olhos e olhou; e eis um carneiro detrás dele, travado pelos seus chifres, num mato; e foi Abraão, e tomou o carneiro, e ofereceu-o em holocausto, em lugar de seu filho (Bereshit - Gênesis 22:10-13).

Da mesma forma que a história de Caim e Abel, caso não procuremos entender os detalhes ocultos contidos, provavelmente seremos induzidos a ter uma visão um tanto errônea. Como poderia o Senhor dos Mundos submeter um pai a tamanha provação sádica? Que exemplo de amor seria esse? Ao recorrermos aos ensinamentos judaicos, entenderemos que a moral desta passagem indica o quão diferente é o povo hebreu dos demais povos vizinhos da época.

Naqueles tempos, era comum aos povos pagãos cananeus a realização de sacrifícios humanos (inclusive de crianças) a deuses como Moloch, Baal, etc. Dessa forma, esta passagem demonstra que, para honrar a Deus, não se deve realizar tal tipo de terrível sacrifício. Contudo, ao termos em mente que a época atribuída a este "fato" tenha ocorrido entre 2.000 a.C. e 1.800 a.C., podemos também inferir que os sábios hebreus que redigiram a Torá no exílio babilônico também buscaram indicar claramente a transição da era de Touro (caracterizada pela materialidade e paganismo) para a nova era de Áries (carneiro).

Embora a tradição judaica sustente que a Torá (os cinco primeiros livros da Bíblia) tenha sido escrita por Moshé durante a peregrinação do povo de Israel no deserto, muito antes do exílio babilônico (586-539 a.C.), diversos estudiosos modernos da Bíblia e historiadores acreditam que a versão final do texto, como a conhecemos hoje, foi provavelmente compilada e editada durante o período do exílio babilônico e logo após, no período pós-exílio.

Como mencionei anteriormente, a Babilônia foi um dos berços da astrologia ancestral. Durante o exílio babilônico, quando o povo judeu foi deportado de Jerusalém e levado para a Babilônia, surgiu a necessidade de preservar suas tradições, leis e identidade religiosa.

Esse período foi crucial para a compilação dos textos sagrados, e é provável que, sob a influência das elites religiosas exiladas, houvesse um esforço significativo para consolidar e formalizar tradições que haviam sido transmitidas oralmente ou em textos fragmentados. Assim, muitos estudiosos argumentam que a versão final da Torá foi completada e canonizada nesse contexto, embora já existissem versões mais antigas antes do exílio.

Osíris, no antigo Egito, é um dos avatares mais representativos desta era. Ele era o deus da agricultura, do renascimento e da fertilidade, simbolizando o ciclo da vida e da morte associado à terra. O touro sagrado, como o Bezerro de Apis, também era venerado no Egito, e civilizações como a da Suméria e Creta tinham cultos aos touros.

Era de Áries (aproximadamente 2.160 a.C. a 1 d.C.)

A Era de Áries é associada ao signo do Carneiro e simboliza um período de grande transformação espiritual e cultural. Astrologicamente, Áries é um signo de fogo, representando liderança, ação, coragem e poder, o que reflete bem as características desse período histórico. Essa era foi marcada pela ascensão de grandes civilizações guerreiras e pela introdução de novas religiões monoteístas e transformações sociais.

No plano espiritual, a Era de Áries está associada a um afastamento dos cultos agrícolas e de fertilidade que caracterizaram a Era de Touro e à introdução de uma espiritualidade mais dinâmica e voltada para a ação. Os sacrifícios de carneiros, comuns nas tradições religiosas desse período, são um reflexo direto do animal associado a Áries.

Se analisarmos com cuidado, veremos que as instruções detalhadas para a realização de sacrifícios utilizando carneiros encontram-se nos livros de Levítico (*Vayikra*) e Shemot (Êxodo), como demonstrado a seguir:

> *E se a sua oferta for de gado miúdo, de ovelhas ou de cabras, para holocausto, oferecerá macho sem defeito. E o degolará ao lado do altar que dá para o norte, perante o Senhor; e os filhos de Arão, os sacerdotes, espargirão o seu sangue em redor sobre o altar. Depois o partirá nos seus pedaços, como também a sua cabeça e o seu redenho; e o sacerdote os porá em ordem sobre a lenha que está no fogo sobre o altar; Porém a fressura e as pernas lavar-se-ão com água; e o sacerdote tudo oferecerá, e o queimará sobre o altar; holocausto é, oferta queimada, de cheiro suave ao Senhor* (Levítico 1:10-13).
>
> *Depois tomarás um carneiro, e Arão e seus filhos porão as suas mãos sobre a cabeça do carneiro, E imolarás o carneiro, e tomarás o seu sangue, e o espalharás sobre o altar ao redor. E partirás o carneiro por suas partes, e lavarás as suas entranhas e as suas pernas, e as porás sobre as suas partes e sobre a sua cabeça. Assim queimarás todo o carneiro sobre o altar; é um holocausto para o Senhor, cheiro suave; uma oferta queimada ao Senhor* (Êxodo 29:15-18).
>
> *Isto, pois, é o que oferecereis sobre o altar: dois cordeiros de um ano, cada dia, continuamente. Um cordeiro oferecerás pela manhã, e o outro cordeiro oferecerás à tarde* (Êxodo 29:38-39).
>
> *O cordeiro, ou cabrito, será sem mácula, um macho de um ano, o qual tomareis das ovelhas ou das cabras. E o guardareis até o décimo quarto dia deste mês, e todo o ajuntamento da congregação de Israel o sacrificará à tarde. E tomarão do sangue, e pô-lo-ão em ambas as ombreiras, e na verga da porta, nas casas em que o comerem* (Êxodo 12:5-7).

Moisés (Moshé) foi um grande avatar espiritual que caracterizou a Era de Áries. De acordo com a tradição judaica, ele foi o profeta que libertou o povo hebreu da escravidão do Egito, guiando-o pelo deserto em direção à Terra Prometida e transmitindo-lhes as leis divinas. Sua liderança marcou o fim de uma era de idolatria e o início do monoteísmo consolidado.

Uma parte da saga de Moshé que merece destaque é a história que narra os acontecimentos relacionados à adoração do Bezerro de Ouro por parte do povo recém-liberto, enquanto Moshé se encontrava no topo do Monte Sinai. A Bíblia relata:

> *Mas vendo o povo que Moshé tardava em descer do monte, acercou-se de Arão, e disse-lhe: Levanta-te, faze-nos Deuses, que vão adiante de nós; porque quanto a este Moshé, o homem que nos tirou da terra do Egito, não sabemos o que lhe sucedeu. E Arão lhes disse: Arrancai os pendentes de ouro, que estão nas orelhas de vossas mulheres, e de vossos filhos, e de vossas filhas, e trazei-mos. Então todo o povo arrancou os pendentes de ouro, que estavam nas suas orelhas, e os trouxeram a Arão. E ele os tomou das suas mãos, e trabalhou o ouro com um buril, e fez dele um bezerro de fundição. Então disseram: Este é teu Deus, ó Israel, que te tirou da terra do Egito* (Êxodo 32:1-4).

Ao descer do monte, depois de quarenta dias e quarenta noites com as tábuas dos Dez Mandamentos (junto com a Torá e a Cabalá), Moshé flagrou o povo de Israel adorando o Bezerro de Ouro que haviam construído. Em um gesto de indignação, Moshé quebrou as tábuas dos Dez Mandamentos, que haviam sido escritas pelo próprio Deus. Em seguida, destruiu o Bezerro de Ouro, queimando-o e moendo-o até virar pó, que depois foi misturado à água e dado ao povo para beber, simbolizando a purificação e o arrependimento.

Moshé então confrontou seu irmão Aharon (Arão), perguntando como ele havia permitido tal idolatria. Para restaurar a ordem, Moshé convocou os levitas e ordenou que punissem os culpados. Cerca de três mil homens foram mortos naquele dia como consequência da idolatria.

No dia seguinte, Moisés intercedeu por seu povo, pedindo a Deus que perdoasse o grande pecado que haviam cometido. Embora Deus tenha poupado a nação como um todo, Ele prometeu que haveria consequências futuras, enviando uma praga sobre o povo como punição pelo pecado de adorar o Bezerro de Ouro.

Também podemos interpretar que a destruição do Bezerro de Ouro por Moshé simboliza a ruptura total com a Era de Touro e a prevalência, a partir daquele ponto, da nova Era de Áries. Ou seja, trata-se do abandono do paganismo herdado no Egito e das influências dos povos cananeus, em favor da adoção do monoteísmo, onde apenas o Deus Supremo deveria ser adorado. Devemos lembrar também que o bezerro era o animal que representava o deus Ápis, associado à fertilidade, força e poder, características típicas da Era de Touro no Egito.

Outro avatar que posso destacar que viveu na Era de Áries foi Zaratustra (ou Zoroastro em grego). Ele fundou na Pérsia, entre 1500 e 1000 a.C., o mazdeísmo (ou zoroastrismo). Esta fé influenciou diversas religiões posteriores, como o islamismo, o judaísmo e o cristianismo, especialmente em questões ligadas ao dualismo, moralidade e nos conceitos de paraíso, inferno, anjos e demônios. O zoroastrismo foi uma religião monoteísta que acreditava na constante luta entre o bem, representado por Ahura Mazda (senhor supremo, criador do universo), e o mal, na figura de Angra Mainyu (princípio do mal, associado à destruição).

Cito também os profetas hebreus Elias, Eliseu, Samuel, Isaías e Jeremias, cujas características relatadas nos livros sagrados da Tanakh refletem qualidades típicas da Era de Áries. Entre elas: Elias, que lutou pelo monoteísmo e renovou a fé do povo de Israel; Eliseu, seu discípulo, que deu continuidade à sua missão; Samuel, o último dos juízes, que ungiu o primeiro rei de Israel e simboliza liderança e transformação, valores associados a Áries; Isaías, cujas profecias anunciaram a vinda do Messias, prenunciando a Era de Peixes; e Jeremias, que restaurou a conexão do povo com o Santíssimo em tempos de adversidade.

Era de Peixes (aproximadamente 1 d.C. até os dias atuais)

A Era de Peixes é caracterizada pela espiritualidade, compaixão, sacrifício, fé e transcendência, qualidades fortemente associadas ao signo de Peixes, simbolizado pelos dois peixes nadando em direções opostas.

Este, sendo um signo de água, está ligado à intuição, entrega e mistério, e também reflete a dualidade, trazendo tensões entre o bem e o mal, a fé e a dúvida, o sacrifício e a redenção. Muitas religiões universais emergiram ou se consolidaram durante essa era, como o Cristianismo e o Islamismo, promovendo uma mensagem de salvação.

Outro aspecto marcante desse período é a busca por algo além do mundo material, pela fé no invisível e pelo misticismo. A Era de Peixes incentivou as pessoas a buscarem respostas no plano espiritual e a desenvolverem uma fé que transcendesse as preocupações terrenas. Muitos movimentos espirituais, filosóficos e esotéricos enfatizaram a transcendência da alma, o contato com o divino e o entendimento de um propósito maior.

Com sua natureza dual, Peixes também trouxe conflitos entre a fé e a razão. Enquanto grandes religiões floresceram, questionamentos e crises de fé também surgiram, resultando em uma busca por respostas racionais. A tensão entre o espiritual e o material, entre a fé cega e o racionalismo, é outra marca significativa dessa era.

A transição da Era de Áries para a Era de Peixes tem um significado astrológico importante para o Cristianismo. Jesus é frequentemente associado ao símbolo dos peixes, já que muitos de seus discípulos eram pescadores, e o peixe também se tornou um símbolo central da fé cristã. Essa mudança de eras, com Áries representado pelo cordeiro e Peixes pelo peixe, reflete uma grande transformação espiritual e cultural. Jesus, o "Cordeiro de D'us", trouxe uma nova mensagem de amor, compaixão e sacrifício, que define as características centrais dessa era. Além disso, devemos lembrar os milagres realizados por Jesus, onde a imagem do peixe é recorrente.

- A primeira pesca milagrosa (Lucas 5:1-11): Jesus insiste que Pedro jogue a rede em águas profundas, após uma noite sem sucesso na pesca. A quantidade de peixes recolhida das águas foi tão grande que o barco em que se encontravam quase afundou e as redes começaram a arrebentar.
- A segunda pesca milagrosa (João 21:1-14). Neste evento, os discípulos lançaram a rede nas águas por instrução de Jesus, que estava na margem do mar. Os discípulos colheram do mar 153 peixes.
- Milagre da primeira multiplicação dos peixes (Mateus 14:13-21; Marcos 6:31-44; Lucas 9:15-17 e João 6:1-14).
- Milagre da segunda multiplicação dos peixes (Mateus 15:32-39; Marcos 8:1-9).
- Milagre do peixe com a moeda (Mateus 14:24-27).

O número doze, que tem grande significado astrológico, é mencionado várias vezes nos Evangelhos. Os discípulos de Jesus são doze, cada um representando um dos doze signos do zodíaco. Como resultado desse paralelismo, pode-se pensar que cada discípulo representa uma faceta distinta do universo astrológico e espiritual.

A relação simbólica entre os doze apóstolos e os signos do zodíaco, com Jesus representando o Sol, é uma ideia que surge em algumas tradições místicas e esotéricas, especialmente na astrologia esotérica, onde os elementos do cristianismo são conectados a antigos símbolos astrológicos. A ideia central é que Jesus, como o Sol, seria o centro, fonte de luz e vida, enquanto os doze apóstolos representariam os doze signos do zodíaco, refletindo diferentes características espirituais ou energias.

A figura seguinte demonstra a roda do zodíaco e, nesta, pode-se perceber em seu meio a figura do Sol, trazendo luz a todos os signos e definindo as estações do ano. Também percebemos que, a partir do centro da circunferência, há uma cruz formada por quatro raios que dividem a roda em quatro partes iguais, formadas por três signos cada.

No contexto esotérico, o Sol central representa não apenas o princípio criador, mas também a figura do Cristo Cósmico, aquele que ilumina e conduz os buscadores espirituais (os apóstolos) à verdade suprema.

A presença do Sol no centro da roda zodiacal pode ser diretamente relacionada a Jesus Cristo, que afirmou ser "a luz do mundo" (João 8:12). Assim como o Sol ilumina e dá vida à Terra, Jesus é visto como aquele que desperta a humanidade para a consciência divina. Em várias tradições místicas, ele é interpretado como a manifestação do arquétipo solar, cumprindo um papel semelhante ao de divindades solares do passado, como Mitra na Pérsia e Apolo na Grécia. Essas figuras, assim como Jesus, estão associadas à morte e renascimento, simbolizando o eterno ciclo da transformação espiritual.

A cruz zodiacal formada dentro da roda é composta por dois eixos: o dos solstícios (Câncer – Capricórnio) e dos equinócios (Áries e Libra). Os solstícios representam o nascimento e a morte, ou seja, o ciclo da materialização e do retorno ao espírito (ressurreição); os equinócios nos trazem a ideia de equilíbrio, justiça divina e renovação da alma.

A relação entre essa cruz e Jesus Cristo é profunda. A cruz física de sua crucificação é uma manifestação direta da Cruz Zodiacal, onde sua morte e ressurreição representam o próprio ciclo solar de morte e renascimento. O Sol, no dia 21 de dezembro (solstício de inverno no hemisfério norte), "morre", atingindo seu ponto mais baixo no céu, e três dias depois, "ressurge", iniciando sua ascensão. Esse fenômeno astronômico reflete a narrativa da crucificação e ressurreição de Jesus, sugerindo que sua história pode ter sido codificada para expressar verdades espirituais universais.

Além disso, Jesus não estava sozinho em sua missão. Ele reuniu doze apóstolos, espelhando os doze signos zodiacais. Cada discípulo pode ser associado a uma energia astrológica específica, representando os diferentes aspectos da experiência humana e as provações espirituais que todo buscador deve superar.

Figura 3 – Roda zodiacal

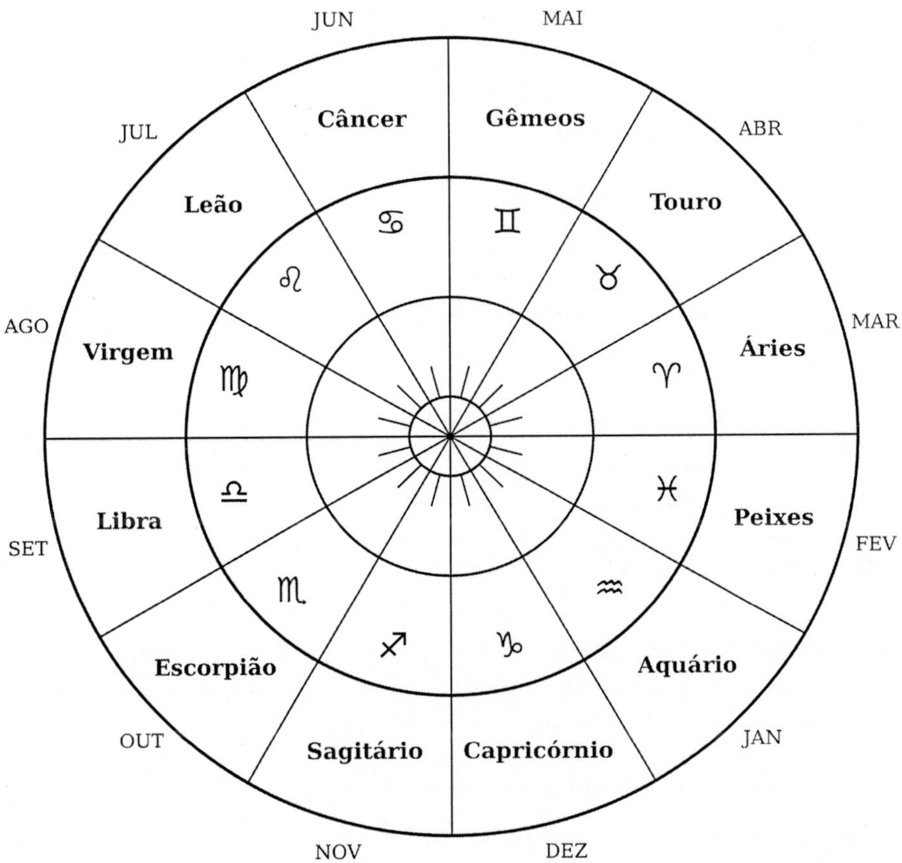

A seguir, apresento uma interpretação simbólica sugerindo essa correspondência:

1. Pedro – Áries (21 de março a 20 de abril)

Áries é o primeiro signo, associado à liderança, coragem e impulsividade. Pedro, como o "primeiro" apóstolo e líder, foi impulsivo, corajoso e escolhido para ser a "rocha" sobre a qual a Igreja seria edificada.

2. André – Touro (21 de abril a 21 de maio)

Touro é estável, paciente e prático. André, irmão de Pedro, foi um discípulo sereno, fiel e constante em sua fé, o que reflete a solidez e a perseverança associadas ao signo de Touro.

3. Tiago Maior – Gêmeos (22 de maio a 21 de junho)

Gêmeos é um signo dual, associado à comunicação e à curiosidade. Tiago, como um apóstolo próximo de Jesus, teria um papel de disseminação da mensagem e evangelização, refletindo o espírito comunicativo e adaptável de Gêmeos.

4. João – Câncer (22 de junho a 22 de julho)

Câncer é associado à sensibilidade, cuidado e conexão emocional. João, o apóstolo "amado", tinha uma profunda sensibilidade espiritual e foi o único apóstolo presente ao pé da cruz, cuidando de Maria, a mãe de Jesus.

5. Felipe – Leão (23 de julho a 23 de agosto)

Leão é regido pelo Sol, simbolizando liderança e força de espírito. Felipe mostrou uma natureza confiante e foi proativo em levar as pessoas a Jesus, características do poder inspirador e brilho de Leão.

6. Bartolomeu (Natanael) – Virgem (24 de agosto a 23 de setembro)

Virgem é detalhista, puro e modesto. Bartolomeu, também conhecido como Natanael, foi elogiado por Jesus como "um verdadeiro israelita, em quem não há falsidade", refletindo a pureza e a integridade associadas ao signo de Virgem.

7. Tomé – Libra (24 de setembro a 23 de outubro)

Libra é o signo do equilíbrio, mas também da dúvida e busca por justiça. Tomé, que ficou famoso por duvidar da ressurreição de Jesus até vê-lo pessoalmente, reflete a necessidade de equilíbrio entre fé e razão, uma característica de Libra.

8. Mateus – Escorpião (24 de outubro a 22 de novembro)

Escorpião é intenso, transformador e profundamente emocional. Mateus, antes cobrador de impostos, passou por uma transformação espiritual significativa ao seguir Jesus, o que reflete a jornada de morte e renascimento, típica do signo de Escorpião.

9. Tiago Menor – Sagitário (23 de novembro a 21 de dezembro)

Sagitário é o signo da busca pelo conhecimento e pela verdade. Tiago Menor, como um dos apóstolos dedicados à difusão do evangelho, pode ser associado ao espírito aventureiro e filosófico de Sagitário, sempre buscando o significado superior da vida.

10. Judas Tadeu – Capricórnio (22 de dezembro a 20 de janeiro)

Capricórnio é ambicioso, disciplinado e responsável. Judas Tadeu, também chamado de Tadeu, foi um apóstolo dedicado à missão de Jesus, com uma seriedade de propósito e comprometimento que reflete o espírito persistente e disciplinado de Capricórnio.

11. Simão, o Zelote – Aquário (21 de janeiro a 19 de fevereiro)

Aquário é o signo do idealismo, inovação e revolução. Simão, conhecido como o Zelote, foi um revolucionário que desejava mudanças sociais e políticas, um idealista semelhante ao espírito inovador e visionário de Aquário.

12. Judas Iscariotes – Peixes (20 de fevereiro a 20 de março)

Peixes é um signo associado ao sacrifício, ao mistério e à traição. Judas Iscariotes, que traiu Jesus, pode ser visto sob a lente mística de Peixes, refletindo o lado sombrio da entrega e do autoengano, mas também o sacrifício final que possibilitou a redenção.

Jesus – O Sol

Jesus é simbolicamente visto como o Sol, o centro do sistema. Assim como o Sol é a fonte de luz e vida para o sistema solar, Jesus é a fonte de luz espiritual e redenção para seus seguidores. O Sol ilumina, aquece e sustenta a vida, tal como Jesus guia e sustenta espiritualmente os apóstolos e todos aqueles que o seguem. Ele está no centro do círculo de doze, tal como o Sol está no centro do zodíaco, com os doze apóstolos simbolizando as diferentes expressões da espiritualidade que se reúnem em torno dele.

O eclipse e equinócio: a morte e o renascimento de Jesus

Consideremos o evento da crucificação de Jesus, que ocorreu durante o escurecimento do sol por aproximadamente três horas, iniciando ao meio-dia e terminando às três horas da tarde; fato este sobrenatural, tal como se evidencia nos evangelhos sinópticos:

> *E desde a hora sexta houve trevas sobre toda a terra, até à hora nona* (Mateus 27:45).
>
> E chegada a hora sexta, houve trevas sobre toda a terra até a hora nona (Marcos 15:33).
>
> *E era já quase a hora sexta, e houve trevas em toda a terra até à hora nona, escurecendo-se o sol. E rasgou-se ao meio o véu do templo* (Lucas 23:44-45).

Embora não seja mencionado de maneira direta, podemos perceber um simbolismo profundo em um possível eclipse solar durante a crucificação de Cristo. Esse fenômeno cósmico reflete a morte do astro-rei, o Sol, cujo desaparecimento momentâneo representa o fim de um ciclo e o encerramento de uma fase luminosa.

No entanto, o retorno do Sol, após seu ocultamento, marca o nascimento de uma nova era. Sob essa ótica, Jesus, frequentemente associado ao Sol espiritual, vive o ápice de sua jornada terrena, com o eclipse simbolizando a transição entre sua vida carnal e sua ascensão divina.

O escurecimento do céu sinaliza o fim de sua presença física, enquanto o ressurgimento da luz anuncia uma nova etapa para a humanidade: o advento de um Cristo renovado, portador de uma nova consciência e sabedoria para guiar o homem. Mais que um fenômeno natural, o eclipse pode ser visto como um prenúncio da ressurreição, um rito de passagem que aconteceria três dias após sua morte física, iluminando os caminhos da transformação e do renascimento espiritual.

O equinócio consiste em um fenômeno astronômico que ocorre duas vezes ao ano, quando o dia possui a mesma duração que a noite em todas as partes do planeta. Isso ocorre uma vez que o Sol está diretamente posicionado sobre a linha do Equador, iluminando igualmente os hemisférios Norte e Sul.

O equinócio da primavera ocorre por volta do dia 20 de março no hemisfério Norte e 23 de setembro no Sul; enquanto o equinócio de outono ocorre no dia 23 de setembro no Norte e 20 de março no Sul. Os equinócios marcam o início da primavera e do outono e são momentos em que o eixo da Terra está inclinado em um ângulo neutro em relação ao Sol.

É sabido por todos que a Páscoa Cristã não consiste em uma data fixa, mas sim é calculada de forma que sempre coincide com o equinócio da primavera no hemisfério norte, e isso não é por acaso.

O equinócio de primavera tem sido associado ao renascimento, à renovação e ao crescimento em várias culturas ao longo da história, especialmente em cultos solares e celebrações de fertilidade. O equinócio de primavera marca a transição do inverno para o retorno da luz e do calor, indicando o renascimento da natureza e o início do ciclo agrícola.

Assim, pode-se dizer que o equinócio de primavera marca a vitória da luz sobre as trevas, ou da vida sobre a morte. No Egito, o equinócio de primavera simbolizava o triunfo do Sol sobre a escuridão, marcando o início da vida; nas comunidades druídicas, honrava a deusa da fertilidade e também simbolizava a vitória da luz sobre as trevas. Assim, após sua morte, o Sol (Jesus) renasce, trazendo vida e esperança à humanidade, bem como iluminação espiritual por meio da dissipação das trevas.

A transição para era de Aquário

Antes da realização da Última Ceia, Jesus ordena a Pedro e João que façam os preparativos para a refeição de Pessach. Todavia, chamam a atenção as instruções que o Mestre conferiu aos discípulos, conforme se pode observar nos versículos dos livros de Mateus, Marcos e Lucas. Outro aspecto que também merece destaque é a ausência dessa passagem no Evangelho de João.

> *E, no primeiro dia da festa dos pães ázimos, chegaram os discípulos junto de Jesus, dizendo: Onde queres que façamos os preparativos para comeres a Páscoa? E ele disse: Ide à cidade, a um certo homem e dizei-lhe: O Mestre diz: O meu tempo está próximo; em tua casa celebrarei a Páscoa com os meus discípulos. E os discípulos fizeram como Jesus lhes ordenara, e prepararam a Páscoa. E, chegada à tarde, assentou-se à mesa com os doze* (Mateus 26:17-20).
>
> *E, no primeiro dia dos pães ázimos, quando sacrificavam a Páscoa, disseram-lhe os discípulos: Onde queres que vamos fazer os preparativos para comer a Páscoa? E enviou dois dos seus discípulos, e disse-lhes: Ide à cidade, e um homem, que leva um cântaro de água, vos encontrará; segui-o. E, onde quer que entrar, dizei ao senhor da casa: O Mestre diz: Onde está o aposento em que hei de comer a Páscoa com os meus discípulos? E ele vos mostrará um grande cenáculo mobilado e preparado; preparai-a ali. E, saindo os seus discípulos, foram à cidade, e acharam como lhes tinha dito, e prepararam a Páscoa. E, chegada à tarde, foi com os doze* (Marcos 14:12-17).
>
> *Chegou, porém, o dia dos ázimos, em que importava sacrificar a Páscoa. E mandou a Pedro e a João, dizendo: Ide, preparai-nos a Páscoa, para que a comamos. E eles lhe perguntaram: Onde queres que a preparemos? E ele lhes disse: Eis que, quando entrardes na cidade, encontrareis um homem, levando um cântaro de água; segui-o até a casa em que ele entrar. E direis ao pai de família da casa: O Mestre te diz: Onde está o aposento em que hei de comer a Páscoa com os meus discípulos? Então ele vos mostrará um grande cenáculo mobilado; aí fazei preparativos. E, indo eles, acharam como lhes havia sido dito; e prepararam a Páscoa* (Lucas 22:7-13).

As ordens do Mestre pareciam simples: Pedro e João deveriam ir à cidade e lá encontrar um homem misterioso (cuja identidade não foi revelada), que indicaria aos apóstolos o local onde seria realizado o ritual pascal. Entretanto, nos evangelhos de Marcos e Lucas, Jesus estabelece que Pedro e João deveriam buscar um homem com um cântaro de água sobre os ombros.

Sabe-se que a Judeia, bem como sua capital, Jerusalém (Yerushaláyim), não era uma cidade tão desenvolvida quanto outras províncias romanas, que possuíam sistemas de aquedutos para abastecimento eficaz. Era prática comum que as pessoas enchessem cântaros de água para levar às suas casas.

Dessa forma, a descrição desse homem misterioso parece um tanto genérica, considerando o contexto da época, mesmo levando em conta que Jesus e seus discípulos pudessem estar receosos de alguma perseguição por parte das autoridades romanas ou dos fariseus e quisessem manter certa discrição.

Entretanto, ao analisarmos a figura do homem descrito por Jesus, concluímos que ela corresponde ao arquétipo da Era de Aquário. Assim, podemos especular que essa passagem representa mais do que um simples ato logístico; ela oferece, simbolicamente, uma transição, uma visão de uma nova era que viria depois de Jesus (Peixes para Aquário), onde a espiritualidade se aprofundaria e se ampliaria, abraçando a humanidade de uma forma mais inclusiva e colaborativa.

Aquário traz a ideia de fraternidade universal, onde o conhecimento e a consciência coletiva se tornam ferramentas para a transformação social e espiritual. A Era de Aquário representa um despertar coletivo, uma era em que a individualidade e o ego dão espaço para o senso de comunidade e integração.

Jesus, ao apontar para o homem com o cântaro de água, estaria sinalizando essa nova fase, onde a fé e a espiritualidade não estão centradas no sacrifício de um único indivíduo, mas na participação e crescimento de todos. O cântaro de água nas costas de um simples homem simboliza a vida fluindo para muitos, compartilhada e multiplicada, uma prefiguração do amor e da verdade que Jesus trouxe, agora espalhados entre todos.

Assim, o local onde foi realizado o Seder de Pessach (Santa Ceia) teria sido a câmara onde Jesus iniciou seus discípulos nos conhecimentos mais profundos, para que, no futuro, eles divulgassem sua palavra e preparassem a humanidade para a chegada da Era de Aquário.

Comentários finais

Portanto, a astrologia e os Evangelhos estão conectados de tal maneira que destacam a história espiritual e o significado cósmico da vida de Jesus. A história de Jesus é uma história universal que transcende o tempo e o espaço, porque os eventos que ocorreram durante sua vida não foram apenas registros históricos; eles também refletem as relações e influências celestiais que o rodearam.

Ao examiná-los a partir do ponto de vista astrológico, os evangelhos canônicos apresentam uma estrutura rica em simbolismos que se alinham com o conhecimento ancestral sobre os corpos celestes e como eles afetam a existência humana.

Além disso, é possível pensar que o evento da transfiguração de Jesus, em que Ele aparece em glória junto com Moshé e Eliyahu (Elias, é uma referência aos ciclos astrológicos). Moshé, que é representado pelo signo de Áries (cordeiro), e Eliyahu, que é frequentemente associado ao signo de Leão, representam etapas cruciais da vida espiritual que chegam ao final em Jesus, o símbolo de Peixes, que representa a totalidade da revelação divina.

Ao serem escritos, os evangelhos incorporaram esses conhecimentos astrológicos para criar uma história que não só conta sobre a vida de Jesus, mas também conecta os eventos terrestres com os fenômenos celestiais. Ao se alinhar com as leis naturais e espirituais que regem o universo, essa integração de elementos astrológicos ajuda a transmitir uma mensagem que é universal e duradoura.

Em resumo, os ensinamentos e a vida de Jesus, como relatados nos evangelhos, estão muito relacionados aos conhecimentos astrológicos antigos. Cada número, símbolo e evento significativo usado nos textos canônicos mostra uma compreensão profunda das forças espirituais e do cosmos que moldam a existência humana. Esta perspectiva não apenas melhora a história bíblica, mas também oferece uma visão mais ampla sobre a fé, conectando a vida de Jesus com os ciclos eternos do universo.

Capítulo 11

A ALQUIMIA DOS EVANGELHOS SINÓPTICOS

A TRANSMUTAÇÃO ALQUÍMICA:

TRANSFORMANDO ÁGUA EM VINHO, PÃO EM CARNE

A perspectiva alquímica revela um processo profundo de transformação espiritual na vida de Jesus Cristo. Cada etapa de sua vida e ministério representa uma fase do processo alquímico, desde a purificação inicial até a união mística final.

Os ensinamentos e milagres de Jesus fornecem exemplos dos princípios da alquimia espiritual, indicando como transformar a alma e se unir ao divino. Além de enriquecer nossa compreensão da vida de Jesus, essa análise oferece um caminho para aqueles que buscam a perfeição alquímica e a transformação espiritual em suas próprias vidas.

Assim como a astrologia, alusões à alquimia também aparecem nos evangelhos de forma abundante, embora de maneira não explícita. Devemos lembrar que, assim como a astrologia, a alquimia já era uma ciência ancestral durante a compilação dos Evangelhos Sinópticos, especialmente na Idade Média, quando estudiosos da Igreja Católica se dedicavam ao estudo dessa grande arte, bem como à cópia, tradução e adaptação dos evangelhos.

Um dos trechos que considero interessante para iniciar a discussão, por ser o mais evidente, é o do livro de João 2:1-11, onde é narrada a história das Bodas de Caná, ou seja, o primeiro milagre realizado por Jesus.

Todavia, o que chama a atenção é que, apesar de ser um evento de tamanha importância, essa passagem não é relatada nos demais evangelhos sinópticos. Parece que o autor deste livro (ou quem o revisou), diferentemente dos outros, fez questão de incluir essa situação na trajetória de vida de Jesus. Isso é curioso, considerando que os evangelhos concordam em grande parte das passagens referentes a Cristo.

Para quem não conhece a história, o evangelho de João conta que, durante um casamento em Caná da Galileia, a festa ficou sem vinho, o que foi uma situação constrangedora para os anfitriões. Maria, mãe de Jesus, informou-o da situação, e Ele inicialmente respondeu: "ainda não chegou a minha hora". Mesmo assim, Maria instrui os servos a seguirem o que Jesus lhes dissesse. Jesus então ordenou que enchessem seis jarros de pedra com água. Após isso, Ele transformou a água em vinho, surpreendendo o mestre-sala e os convidados, que consideraram o vinho de excelente qualidade. Esse milagre não só resolveu o problema da festa, mas também revelou o poder divino de Jesus e marcou o início de seu ministério público.

Da mesma forma que as passagens já comentadas em capítulos anteriores, podemos estabelecer aqui uma interpretação mais aprofundada, bem mais espiritualizada, se considerarmos que, nesta situação, ocorreu o princípio alquímico da transmutação.

A transmutação alquímica é o processo pelo qual uma substância é transformada em outra, simbolicamente representando a conversão de algo "inferior" em algo "superior" — a transformação do chumbo em ouro é o exemplo mais clássico. No contexto espiritual, a transmutação alquímica representa a transformação interior: o trabalho de purificação e elevação da alma, onde a essência de uma pessoa passa por um processo de refinamento em direção ao divino, superando suas limitações e imperfeições. Espiritualmente, a transmutação é um convite ao crescimento. Exige autoconhecimento e o desejo de "transcender" as limitações humanas.

Assim, a transmutação alquímica é um caminho para a união com o divino, para que possamos nos tornar a "versão mais elevada" de nós mesmos, transformando nossas qualidades "brutas" e alcançando nossa "essência de ouro".

Voltando à história das Bodas de Caná (e neste item não irei analisar o número seis, referente à quantidade de jarros, pois também é certo que essa quantidade não está lá por acaso), a água representaria a *prima materia*, ou seja, a substância bruta, básica e vulgar, que alguns chamam de pedra bruta. Ela é a condição inicial da alma, ainda em estágio de baixa evolução e pouco refinamento intelectual; todavia, com potencial latente. O vinho, neste contexto, seria muito mais do que uma simples bebida; ele representa a sabedoria e a vida eterna, sugerindo que, por meio de um processo de transformação, o ser humano comum pode alcançar a iluminação espiritual.

A transmutação ocorre pela intervenção de Jesus, que simboliza o princípio divino ou a energia universal necessária para que a alquimia espiritual ocorra. Esta intervenção equivale ao papel do alquimista que, através da oração, da meditação e da prática espiritual, desperta as energias superiores para catalisar sua própria transformação interior. Jesus representa o alquimista perfeito, que realiza a Grande Obra.

Não podemos deixar de considerar o caráter da festa em que Jesus realizou o milagre, ou seja, um casamento. Isso também não é mero acaso. Se fosse apenas para retratar um simples milagre de transformação de água em vinho, outras ocasiões poderiam ter sido utilizadas.

Todavia, devemos lembrar que o casamento, do ponto de vista alquímico, consiste na metáfora para a união dos opostos, ou seja, das energias passiva e ativa, do macho e da fêmea, do positivo e do negativo, do enxofre e do mercúrio, do espírito e da matéria, do que está em cima com o que está embaixo. Assim, a Boda de Caná seria a representação alquímica do casamento sagrado que equilibra a dualidade no ser humano.

O vinho produzido é a transmutação necessária para que ocorra este processo, uma vez que, sem a bebida, o casamento teria sido interrompido. Portanto, a mensagem alquímica das Bodas de Caná é uma metáfora rica sobre o processo de evolução espiritual, onde o ser comum (água) é transformado, por intermédio do divino (Jesus), em um ser pleno e iluminado (vinho).

A Eucaristia, apesar de muitos ignorarem, não deixa de ser uma alusão ao processo alquímico da transmutação. As palavras "Este é o meu corpo" e "Este é o meu sangue" são fortes simbolismos onde Jesus dá pão e vinho a seus discípulos. O pão e o vinho são representações dos elementos terra (carne) e água (sangue), que são transformados em substâncias espirituais por meio de rituais sagrados. Este ato de transmutação representa a incorporação do divino na vida cotidiana e a purificação dos componentes essenciais da vida, elevando-os a um estado espiritual superior.

O processo de transmutação é fundamental na alquimia, e a Eucaristia mostra isso ao transformar alimentos comuns em símbolos sagrados da presença divina. Ao compartilhar o pão e o vinho, Jesus dá a seus seguidores uma maneira de internalizar sua essência divina e participar de uma comunhão espiritual. Este ritual mostra claramente como a matéria pode ser elevada e santificada, refletindo a meta final da alquimia, que é transformar a base em matéria sublime.

Provocação ou postulado alquímico?

Durante a crucificação, os romanos colocaram uma pequena tábua no topo da cruz com as palavras "Iēsus Nazarēnus, Rēx Iūdaeōrum" para ridicularizar o Cristo. Esta expressão pode ser traduzida como "Jesus de Nazaré, Rei dos Judeus". O acrônimo INRI é encontrado examinando as iniciais de cada palavra.

No entanto, quando examinamos a partir de uma perspectiva alquímica, esse conjunto de letras ganha um significado mais profundo e menos comum: "Ignis Natura Renovatur Integra" (INRI), que significa "A natureza é totalmente renovada pelo fogo".

O termo INRI é frequentemente relacionado à transmutação e à transformação. Dentro deste contexto, as letras I (Ignis – Fogo), N (Natura - Natureza), R (Renovatur - Renovação) e I (Integra - Integração) são interpretações comuns e, juntas, indicam o processo de transformação alquímica em que a matéria bruta (o ser humano não iluminado) é purificada e transformada em algo mais elevado e espiritual (o ser iluminado).

Além disso, é possível reinterpretar o INRI no esoterismo para refletir conceitos mais profundos sobre desenvolvimento espiritual e autorrealização, pois o fogo é considerado o elemento de purificação e transformação. Nesse processo, a natureza (ou a alma humana) é purificada e renovada, o que leva ao renascimento espiritual.

O acrônimo INRI também pode ser o indicativo da expressão: "Intra Nobis Regnum Iehova", que significa: "Dentro de nós está o Reino de D'us". Esta interpretação concorda com as crenças esotéricas de que a divindade e a iluminação estão dentro de cada pessoa e que podemos acessá-las através do desenvolvimento espiritual e do autoconhecimento, crença bastante difundida pelas vertentes gnósticas do cristianismo ancestral.

Além disso, INRI pode ser considerado um código no contexto oculto para entender os processos de evolução e crescimento espiritual internos. A cruz é frequentemente associada ao INRI devido ao fato de estar presente nesta, consistindo em símbolo de sacrifício e mudança. Pode-se pensar no sofrimento e na crucificação como representações dos obstáculos que uma pessoa deve superar no caminho para a iluminação e a autorrealização, ou no triunfo do espírito sobre a materialidade da carne.

Por fim, na alquimia e no esoterismo, a expressão "INRI" vai além de sua interpretação literal e histórica e adquire profundos significados simbólicos relacionados à transformação espiritual, renovação e autorrealização. Ela descreve o processo de purificação e elevação do espírito humano, sugerindo que podemos renovar e transformar nossa natureza interior através do fogo da experiência e do autoconhecimento.

Quadro 3 – INRI e seus significados alquímicos

I	Ignis	Fogo	Purificação	Fogo
N	Natura	Natureza	Natureza interior	Água
R	Renovatur	Renovação	Transformação	Ar
I	Integra	Totalidade	Integração	Terra

Os processos alquímicos e a vida de Jesus

Os processos alquímicos tradicionais, conhecidos como "operações alquímicas", representam etapas do trabalho de transformação da matéria vulgar e são frequentemente aplicados como metáforas para a evolução espiritual e psicológica.

Esses processos simbolizam a purificação e a elevação, tanto na alquimia externa (transformação de substâncias) quanto na alquimia interna (transformação da alma). Os principais processos alquímicos incluem:

Calcinação: A Morte e o Renascimento (purificação pelo fogo)

No processo alquímico da calcinação, o fogo é utilizado para reduzir a substância ao seu estado mais puro possível, de forma a eliminar todas as suas impurezas. Nesta fase, a substância é aquecida até que se converta totalmente em cinzas. Na alquimia espiritual, o ego e as impurezas internas são destruídos nesta fase, abrindo caminho para uma nova vida espiritual.

A crucificação de Jesus é um exemplo claro desse processo em sua vida. A crucificação não é apenas um evento histórico; é também um forte símbolo da morte do corpo e da dissolução das imperfeições humanas. Jesus sofreu muito durante sua crucificação, representando a queima das impurezas que precede a regeneração.

A escuridão que cobre a terra quando ele morre representa o estado de Nigredo, onde a dor e o sofrimento temporariamente obscurecem a luz da consciência. Mas essa escuridão é necessária para uma purificação completa a fim de se atingir a transformação espiritual posterior. A morte de Jesus na cruz marca o fim do antigo estado e a preparação para um novo começo, onde o espírito pode ser renovado e elevado.

Dissolução: Purificação e Batismo (dissolução pela água)

A dissolução é a segunda etapa do processo alquímico e consiste na dissolução das cinzas resultantes do processo de calcinação, formando um líquido que simboliza a purificação pela água. Na alquimia do espírito, a dissolução tem como objetivo explorar o inconsciente e as emoções, permitindo que padrões rígidos e apegos, que resistiram ao "fogo" da calcinação, sejam extintos. É uma etapa de entrega e fluidez, onde o indivíduo busca a dissolução do ego para entrar em contato com o seu verdadeiro eu. A limpeza das impurezas marca este estágio, preparando a alma para receber a luz divina.

Um símbolo claro dessa fase da vida de Jesus é o batismo por João Batista no rio Jordão. O batismo é uma cerimônia de purificação em que a água simboliza a purificação dos pecados e a preparação para uma vida mais iluminada e nova, em que a vida terrena é dissolvida pelo ácido universal (a água). O céu se abre e o Espírito Santo desce sobre Jesus quando ele é batizado, representando a iluminação e a presença divina após a dissolução de suas impurezas. A purificação completa de Jesus e a confirmação de sua missão divina são marcadas neste momento.

Coagulação: A Iluminação e a Manifestação da Divindade (Transfiguração de Jesus)

A coagulação é o final do processo alquímico, onde ocorre a solidificação da substância que sofreu o processo de dissolução. Na alquimia esotérica, simboliza a cristalização do novo "eu", ou seja, a transformação completa e espiritual do alquimista. É o estágio em que a Grande Obra finalmente se manifesta, onde o chumbo se converte em ouro.

Esta fase pode ser associada à transfiguração de Jesus no Monte Tabor (Mateus 17:1-8; Marcos 9:2-13 e Lucas 9:28-36), quando ele aparece diante de Pedro, Tiago e João em glória divina. As roupas de Jesus se tornaram brancas como a luz e seu rosto brilhou como o sol durante a transfiguração, representando a manifestação da divindade e a iluminação espiritual completa.

Em determinado momento, a voz de D'us disse: "Este é o meu Filho! Eu o amo muito e Ele me dá muita alegria. Ouçam-no" (Mateus 17:5). Este evento mostra a união entre o divino e o humano, que é um componente fundamental da alquimia espiritual. Jesus havia atingido Kether e estabelecido sua relação direta com o Eterno, a ponto de poder ver e conversar com Elias e Moisés.

A verdadeira natureza divina de Jesus (ou a manifestação do Cristo) é revelada aos seus discípulos durante a transfiguração. Isso representa o despertar da consciência para a realidade divina. Na alquimia, a coagulação é o estágio em que a alma começa a integrar plenamente a luz e a verdade divina, demonstrando essas qualidades em sua vida diária. A iluminação interior se torna evidente e perceptível neste momento de grande transformação.

Conjunção: União e Ressurreição

A conjunção é uma fase do processo alquímico que antecede a coagulação. Nesta fase, os elementos opostos anteriormente separados se unem para dar origem a uma nova substância proveniente do equilíbrio entre eles. Não devemos confundir este estágio com a coagulação, já que esta consiste em uma fase mais avançada e simboliza a cristalização final do eu superior, ou seja, a conclusão da Grande Obra.

É na conjunção que as polaridades internas, como o consciente e o inconsciente, o masculino e o feminino, ou a mente racional e a intuição, são unidas. É como um "casamento alquímico" entre elementos, onde o indivíduo passa a compreender melhor a totalidade de si mesmo e experimenta uma sensação de equilíbrio interno. Esta fase, portanto, representa a perfeição espiritual e a união mística.

Na vida de Jesus, a sua ressurreição é fundamental. Jesus ressuscitou no terceiro dia após sua crucificação, demonstrando a vitória sobre a morte e a transcendência do corpo físico. A ressurreição representa o ponto alto do processo alquímico e a total integração entre o divino e o humano. É o momento em que a alma alcança a totalidade e a união com Deus. A ressurreição de Jesus não é apenas um evento histórico, mas também um símbolo de transformação e renovação. A fase da conjunção é quando o alquimista atinge a iluminação total e a união com o divino.

Jesus, ao ressuscitar, representa essa união espiritual em que o espírito se eleva além da matéria e alcança a eternidade. Este estágio demonstra a realização do ser humano como um exemplar perfeitamente adequado da divindade.

Vinagre e Sangue: Alquimia da Crucificação

Sem dúvidas, o episódio mais chocante e também mais cheio de símbolos ocultos dos evangelhos sinópticos é a crucificação de Jesus. Praticamente todos os acontecimentos narrados conduzem a interpretações que, se tivermos as chaves corretas, podem mudar ou até mesmo iluminar a forma como entendemos o fato ocorrido.

Um desses, no mínimo curioso, que posso destacar e que por muito tempo me levantou dúvidas, pois, pensando no sentido da narrativa, nunca fez muito sentido, foram as situações referentes à infame esponja de vinagre que foi entregue a Cristo quando estava com sede e à lança que perfura seu corpo após sua morte, de onde verte água. Concordo que são cenas impactantes, mas, se lermos o texto de forma superficial, não passam disso.

Em se tratando da esponja com vinagre, o próprio texto bíblico indica que este ato foi derivado de uma chacota feita pelos soldados romanos quando Jesus estava pregado na cruz. Pode até parecer uma explicação razoável, todavia, devemos lembrar que este é o clímax da cena da crucificação, pois logo após Jesus diz "Está consumado" e finalmente morre. Como escritor, colocar uma piada feita por soldados antes da parte mais importante dos evangelhos sinópticos não me parece algo que qualquer autor faria; seria um anticlímax muito grande.

Em se tratando desse evento, os evangelhos citam:

> *Deram-lhe a beber vinagre misturado com fel; mas ele, provando-o, não quis beber* (Mateus 27:34).
>
> *E logo um deles correu a buscar uma esponja e, tendo-a embebido em vinagre e posto numa cana, deu-lhe de beber* (Mateus 27:48).
>
> *E um deles correu a embeber uma esponja em vinagre e, pondo-a numa cana, deu-lhe de beber, dizendo: Deixai, vejamos se virá Elias tirá-lo* (Marcos 15:36).
>
> *E também os soldados o escarneciam, chegando-se a ele e oferecendo-lhe vinagre* (Lucas 23:36).
>
> *Depois, sabendo Jesus que já todas as coisas estavam terminadas, para que a Escritura se cumprisse, disse: Tenho sede. Estava, pois, ali um vaso cheio de vinagre. E encheram de vinagre uma esponja e, pondo-a num hissopo, lha chegaram à boca. E, quando Jesus tomou o vinagre, disse: Está consumado. E, inclinando a cabeça, entregou o espírito* (João 19:28-30).

Percebam que este evento foi tão marcante que aparece em todos os evangelhos, praticamente narrado da mesma forma. Sabemos que muitas situações que ocorrem em alguns evangelhos não constam nos outros e vice-versa, mas este encontra-se ricamente detalhado, o que demonstra que o significado do ato de dar vinagre ao Cristo crucificado é muito mais do que uma mera troça dos soldados.

Sabe-se que o vinagre, na alquimia, tanto operacional quanto espiritual, configurava-se como um elemento de destaque. Operacionalmente, esta substância era utilizada como solvente para dissolver substâncias e extrair suas essências. Contudo, em termos espirituais, o vinagre possui conotações que nos levam a transcender o fato da infame esponja.

O vinagre, por ser um agente de dissolução, espiritualmente nos conduz à ideia de purificação da matéria, onde tudo o que é impuro é eliminado para revelar a essência da "pedra filosofal" dentro de cada ser.

Ou seja, o vinagre é o catalisador da necessidade de remoção das falhas da matéria para se alcançar a perfeição no espírito.

Devemos lembrar também que o vinagre é produzido a partir da fermentação do vinho, ou seja, da transformação de uma substância em outra. Assim, em termos esotéricos, o vinagre passa por um processo de transmutação, em que a matéria-prima passa por diferentes processos até atingir um estado superior. Por ser azedo, o vinagre representa também as experiências dolorosas que passamos em vida, necessárias para o autoconhecimento e crescimento, que somente obtemos por meio do desprendimento de tudo aquilo que é inerente à carne.

Assim, o vinagre dado a Cristo possui uma conotação muito mais profunda: ele indica que, naquele momento, Jesus está passando pelo máximo sofrimento de sua vida e está se desprendendo da carne (não é à toa que depois ele morre!), um processo necessário para que ele possa transcender e alcançar a perfeição do espírito, o que ocorreria três dias depois por meio de sua "ressurreição".

Após a morte de Jesus, contam os evangelhos que um soldado romano perfurou o seu corpo com uma lança, com o intuito de verificar se ele já estava morto (para os padrões de uma execução por crucificação, Jesus morreu relativamente rápido, pois a agonia de um torturado poderia durar até três dias). Entretanto, ao espetar o corpo já sem vida do Cristo, ao invés de sangue, verteu água da ferida, tal como se verifica no evangelho de João a seguir apresentado:

> *Mas, quando chegaram a Jesus e viram que já estava morto, não lhe quebraram as pernas; contudo, um dos soldados perfurou o lado de Jesus com uma lança, e imediatamente saiu sangue e água* (João 19:33-34).

Quando Jesus morreu, um terremoto e uma tempestade se iniciaram, o que deixou todos com medo, levando-os a fugir do local da crucificação. Os soldados, na ânsia de irem embora, em vez de quebrarem as pernas de Jesus, como de costume para atestar a morte do condenado, o furaram com uma lança; em vez de sangue, do corte saiu água.

Sei que muitos poderão pensar que isso seria a representação de um último milagre de Jesus ou que simbolizaria a Eucaristia (sangue) e o Batismo (água); contudo, vamos explorar um pouco mais a fundo, sob outro prisma.

É sabido que o sangue, em diversas culturas e filosofias, representa o fluido que confere a vida e a energia aos seres viventes. É a "substância vital" que carrega a essência do ser, a energia que anima e nutre o corpo e a alma. Na alquimia espiritual, o sangue é associado ao processo de morte e renascimento, à transformação de um estado de consciência para outro. É a "*prima materia*" em sua essência mais refinada, que passa por várias fases até alcançar um estado superior.

Em alguns relatos alquímicos, o sangue também é visto como o "elixir" que representa o estado final da iluminação, onde o alquimista alcança a verdadeira essência. Assim, o sangue pode ser visto como um elemento ativo e positivo, associado ao masculino, uma vez que concede força, vitalidade e vontade. Ele é o "fogo interno" que, junto com os elementos passivos, completa a dinâmica do processo alquímico, levando à transcendência e à unificação dos opostos.

A água, que, junto com o sangue, jorra das chagas do Cristo, na alquimia também é associada ao processo de purificação necessário à evolução e transcendência do espírito, bem como à fonte de vida e pureza, tal como o sangue. Todavia, a grande diferença entre ambos os elementos é que, enquanto o sangue é considerado um elemento ativo (como já dito anteriormente), a água é um elemento passivo, associado ao feminino. Na alquimia, ela representa a passividade e a introspecção, o oposto do fogo interno representado pelo sangue.

Dessa forma, podemos interpretar que o sangue e a água jorrando de Cristo logo após a sua morte nos conduzem à ideia da perfeição espiritual alcançada por Jesus em decorrência de seu sacrifício final, uma vez que sua condição de matéria foi totalmente abandonada e seu espírito transcendeu a um estado de iluminação em que as dualidades se anulam. O Cristo volta a ser Uno com o Pai.

Comentários finais

Concluindo, quando buscamos enxergar os evangelhos além da superficialidade e por meio de lentes baseadas nos conhecimentos da alquimia, experimentamos um processo profundo de transformação espiritual na vida de Jesus Cristo, que a simples leitura até então ocultava. Em Mateus 5:13, no Sermão da Montanha, Jesus diz aos discípulos que eles são o "sal do mundo". Essa passagem simboliza a importância dos discípulos em preservar e trazer sabor espiritual ao mundo, influenciando positivamente aqueles ao seu redor. Todavia, devemos lembrar também que o sal é um elemento alquímico importante, juntamente com o mercúrio e o enxofre.

O enxofre simboliza o princípio ativo, o espírito e o fogo interior. Representa a força de vontade e o ego; ele é o agente que traz a transformação. O mercúrio é a união dos opostos e representa o espírito e a mente. O sal é o princípio da estabilidade e da resistência. Ele é o elemento que preserva a transformação alcançada, agindo como elemento de purificação e equilíbrio.

Assim, podemos também interpretar que Jesus, neste trecho, caracteriza os discípulos como aqueles que seriam responsáveis por conservar os seus ensinamentos e garantir a purificação e transformação da humanidade por meio da pregação destes às massas.

Cada fase da vida e ministério de Jesus representa uma etapa do processo alquímico, desde a purificação inicial até a união mística final com o Supremo. Os ensinamentos e milagres de Jesus fornecem exemplos dos princípios da alquimia espiritual, indicando a maneira de transformar a alma e se unir com o divino.

Além de melhorar nossa compreensão da vida de Jesus, esta análise fornece um caminho para aqueles que buscam a perfeição alquímica e a transformação espiritual em suas próprias vidas.

A jornada alquímica de Jesus serve como uma ilustração da evolução espiritual, pois mostra que a purificação, iluminação e união mística são os meios pelos quais é possível alcançar a plenitude e a comunhão com o divino. Por meio de sua vida e ações, Jesus oferece exemplos dos princípios da alquimia espiritual, convidando a todos a seguir o caminho para uma transformação pessoal e a realização do potencial divino dentro de cada um de nós.

Capítulo 12

A LINGUAGEM OCULTA DOS NÚMEROS NOS EVANGELHOS

O Significado Esotérico e Numerológico dos Nomes de Jesus e Maria

A interpretação dos diversos eventos e ensinamentos da vida de Jesus pode ser melhor entendida tendo em posse as chaves da numerologia, uma prática esotérica que atribui significados espirituais e simbólicos aos números. Neste capítulo, vamos examinar alguns destes eventos e ensinamentos à luz desta ciência e remover véus até então ocultos ao leitor.

Ao examinar os evangelhos canônicos com mais atenção, o estudante pode perceber a presença e a repetição de alguns algarismos específicos, tais como: o três, o quarenta, o doze, o seis, o sete, entre outros. Como já dito, não acredito que isso seja uma coincidência; é mais provável que estes tragam em si significados propositadamente ocultos pelos autores dos textos, para que somente os mais experientes tivessem acesso a estes por meio de chaves específicas.

Por exemplo, sabemos que o número de gerações que se passaram entre Abraão (o patriarca do povo judeu) e Yeshua (nome de Jesus em hebraico) é 42 (de Abraão a Davi = 14; de Davi ao Exílio na Babilônia = 14; e do Exílio na Babilônia a Jesus = 14). Ao aplicar a noção de redução teosófica a este número, descobriremos que 4 + 2 = 6 (notem também que 42 é composto pela soma de três parcelas de números 14, ou seja, 1+4=5 ou 5+5+5=15=1+5=6!).

O algarismo 6 representa o mundo natural, o ser humano e as seis direções do Reino Físico (norte, sul, leste, oeste, acima, abaixo). As Escrituras dizem que o mundo natural foi criado pelo Eterno em seis dias, e que depois descansou no sétimo; portanto, esse número representa a conclusão física do processo. Desde a criação de Adão e Eva no sexto dia, seis tem sido o número do homem. Yeshua é chamado de "o Filho do Homem" em várias partes dos evangelhos.

A sephirah Tipheret contém o número 6 se examinarmos a Árvore da Vida da Cabalá. Esta situa-se na coluna do equilíbrio e é o caminho mais curto entre Malkuth e Kether, pois é uma reta apenas. Além disso, todos os 22 caminhos da Árvore da Vida precisam passar por Tipheret para chegar a Kether. Tipheret também está relacionada ao Sol e à beleza. Esse detalhe nos faz lembrar o que Cristo disse a Tomé em João 14:5–7:

> *Tomé perguntou ao Senhor: "Não sabemos para onde vais, Senhor; como podemos saber o caminho?" Respondendo, Jesus disse: "Eu sou o caminho, a verdade e a vida. A não ser por mim, ninguém vem ao Pai. Se vocês tivessem me conhecido, também teriam conhecido o meu Pai"* (João 14:5-7).

Ou seja, o versículo apresentado parece descrever de forma bastante clara o caminho de Tipheret a Malkuth, em que todas as Sephirah passam por Tipheret (o Cristo) para atingir Malkuth (o Divino). Esta conexão é típica somente para esta Sephirah, tal como se verifica na árvore da vida representada a seguir:

Figura 4 – Árvore da vida da Cabala

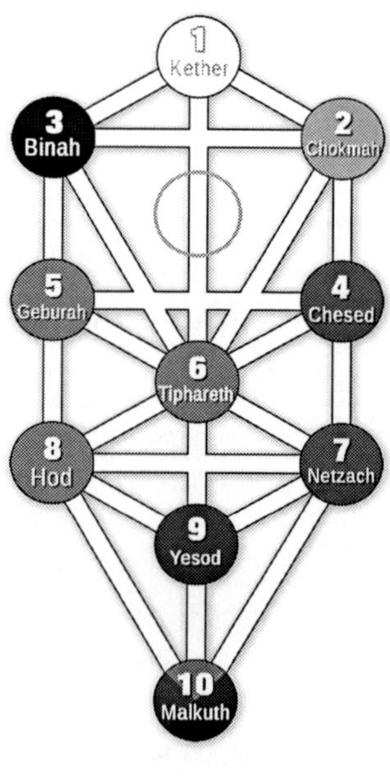

O Sefer Yetzirah afirma que Tipheret é a inteligência moderadora; ou seja, ela une a alma e a personalidade, assim como une o homem e o Pai. Esta Sephirah também pode ser chamada de Adam (Kadmon), Homem, Pai, Filho e Rei.

Tendo em vista o nome de Jesus em hebraico, Yeshua (עושי), temos o seguinte valor numérico: Yod + Shin + Vav + Ayin = 10 + 300 + 6 + 70 = 386 = 3 + 8 + 6 = 1 + 7 = 8. Yeshua consiste em uma forma abreviada de "Yehoshua" (עשוהי). Esse nome é composto pela contração do Tetragrama (YHWH), nome próprio de Deus no Antigo Testamento, e pelo verbo hebraico "yasha" (עשי), que significa "salvar" ou "libertar".

Se considerarmos o valor numérico das letras que compõem o tetragrama, teremos: Yod (10) + He (5) + Vav (6) + He (5) = 10 + 5 + 6 + 5 = 26 = 2 + 6 = 8. A palavra Satan em hebraico נָטָשׂ (Satanás em aramaico), que significa "acusador" ou "adversário" e não se relaciona com a noção de diabo ou demônio imposta pela Igreja, possui o valor numérico: Shin (300) + Tet (9) + Nun (50) = 300 + 50 + 9 = 359 = 3 + 5 + 9 = 17 = 1 + 7 = 8.

Se considerarmos a versão do nome de Jesus em grego, ou seja, Ἰησοῦς (Iēsous), e lembrando que, tal como no hebraico, na gematria grega as letras também possuem correspondentes numéricos (vide quadro a seguir), temos que o valor do nome de Jesus é: iota + eta + sigma + omicron + upsilon + sigma final = 10 + 8 + 200 + 70 + 400 + 200 = 888. O nome Maria, mãe de Jesus, em grego é escrito como Μαρία e seu valor numérico é mi + alfa + rô + iota + alfa = 40 + 1 + 100 + 10 + 1 = 152 = 1 + 5 + 2 = 8.

Quadro 4 – Alfabeto grego e os valores numéricos das letras

Letra	Nome	Caractere	Valor Numérico
Α	Alfa	α	1
Β	Beta	β	2
Γ	Gama	γ	3
Δ	Delta	δ	4
Ε	Épsilon	ε	5
Ϛ	Stigma	ϛ	6
Ζ	Zeta	ζ	7
Η	Eta	η	8
Θ	Teta	θ	9
Ι	Iota	ι	10
Κ	Kapa	κ	20
Λ	Lambda	λ	30
Μ	Mi	μ	40
Ν	Ni	ν	50
Ξ	Xi	ξ	60
Ο	Ômicron	ο	70
Π	Pi	π	80
Ϟ	Koppa	ϟ	90
Ρ	Rô	ρ	100
Σ	Sigma	σ / ς	200
Τ	Tau	τ	300
Υ	Ípsilon	υ	400
Φ	Fi	φ	500
Χ	Khi	χ	600
Ψ	Psi	ψ	700
Ω	Ômega	ω	800
Ϡ	Sampi	ϡ	900

Assim, podemos dizer que, além do número 6, o número 8 também é representativo no nome de Jesus, pois este é observado em sua versão em grego (888) e hebraico (8), bem como no nome de sua genitora (8). Dessa forma, podemos estabelecer uma relação entre Iēsous e Μαρία, ou seja, Maria como sendo a genitora de Jesus, tal como se pode ver por meio do modelo matemático seguinte:

Quadro 5 – Relação numérica entre os nomes de Jesus e Maria

1	5	2	8
5	2	1	8
2	1	5	8
8	8	8	

O número 8 no Pitagorismo traz a ideia de harmonia, equilíbrio e plenitude; este era associado ao conceito de justiça e ordem cósmica. Seu formato, quando deitado, remete ao símbolo da eternidade e da imortalidade.

No hebraico, o número 8 indica a letra Chet, que é associada à palavra vida. Em relação à sua forma, Chet é composta por duas pernas e um teto, ou duas letras: o zayin (sétima letra) e o vav (sexta letra).

A letra zayin traz a ideia de completude e espiritualidade; sua forma lembra uma espada, indicando a luta pela proteção dos mais fracos. O sete é o algarismo da perfeição espiritual.

A letra vav é uma das que compõem o tetragrama sagrado e representa a criação material. Em hebraico, vav lembra um gancho, o que confere a esta letra o simbolismo de ser uma conexão entre o céu e a terra, o material e o espiritual.

Figura 5 – Letras hebraicas: Chet, Zayin e Vav

וזח

O número oito representa o recomeço e a promessa de vida eterna por meio da ressurreição. O oitavo dia representa a conclusão do ciclo temporal e a abertura de uma nova era de graça e salvação. É no oitavo dia que se realiza a circuncisão nos recém-nascidos judeus, de forma a reafirmar o pacto do povo com Deus.

Este algarismo (8) também é frequentemente associado ao batismo, que representa o renascimento espiritual e a entrada na vida nova em Cristo na fé cristã. Esta associação é refletida na arquitetura octogonal das fontes batismais medievais. O uso do número 8 no nome de Jesus destaca a importância do novo começo, da ressurreição e da vida eterna que ele trará, mostrando que o ciclo temporal por ele será superado e que uma nova era espiritual será por ele prometida.

Assim, o nome de Jesus, apesar de ser comum em sua época (significando em hebraico "O Senhor é a Salvação"), não foi dado por acaso; lembro que este foi escolhido durante a anunciação a Maria de seu nascimento pelo arcanjo Gabriel (Mateus 1:21 e Lucas 1:31).

O nome de Jesus, regido pelos números 6 e 8, indica que o Cristo viria na matéria e traria a possibilidade da transcendência da alma à imortalidade pelos seus ensinamentos esotéricos e espirituais. Como Filho de D'us, ele seria a conexão direta entre os mundos sutil e material; ou seja, aquele destinado a trazer uma nova perspectiva à matéria.

Portanto, desde o momento em que o arcanjo Gabriel ordenou a Maria qual o nome ela deveria dar ao seu filho, seu destino como profeta já estava selado em seu significado; pois é verdade que o nome possui uma importância maior do que uma mera designação, este transcende para uma magnitude espiritual profunda e nos designa como indivíduos no universo material. Ele influencia o caráter e o destino de seu recipiendário devido à sua vibração e significado.

O Significado Oculto do Número 40 na Vida de Jesus e na Bíblia

O número 40 consiste em um algarismo que é frequentemente repetido na Bíblia em diversos livros; e nos evangelhos que contam a história de Jesus, não poderia ser diferente. A seguir, tomei a liberdade de citar alguns trechos em que este intrigante número aparece, pois espero, neste item, identificar sua importância na vida do Mestre e o significado oculto que ele nos traz:

- 40 dias e 40 noites do Dilúvio (Gênesis 7:12);
- Os 40 anos do Êxodo (Números 14:33-34);
- Moisés no Monte Sinai por 40 dias e 40 noites (Êxodo 24:18; Deuteronômio 9:9);
- 40 dias de espionagem na terra prometida (Números 13:25);
- A jornada de Elias ao Monte Horebe (1 Reis 19:8);
- O período de provação de Jesus no deserto (Mateus 4:1-2; Lucas 4:1-2);
- 40 dias entre a ressurreição e a ascensão de Jesus (Atos 1:3);
- Jonas e os 40 dias de advertência a Nínive (Jonas 3:4);
- 40 dias de Moshé (Moisés) orando a D'us pelo perdão de Israel (Deuteronômio 9:18; 9:25).

Como se pode verificar, o número 40 assume significados simbólicos profundos, relacionados a períodos de provação, teste, purificação e preparação. Nas Escrituras, o número 40 indica períodos em que os envolvidos enfrentaram testes físicos e espirituais que os levaram ao triunfo sobre a matéria, à transformação e transcendência.

Um exemplo é o período em que Jesus ficou no deserto, jejuando e sendo testado por Satanás. Neste episódio, o Mestre demonstrou que estava pronto para o início de seu ministério, após sua iniciação ter sido consumada por João Batista pelo batismo.

O número 40 também aparece na Bíblia em situações de arrependimento e necessidade de purificação. Foi esse o caso do Dilúvio, que durou quarenta dias e quarenta noites e varreu a Terra de uma população corrompida pelo pecado, restando somente a família de Noé como os justos escolhidos pelo Eterno. Também cito a advertência de Jonas a Nínive, na qual o profeta deu à cidade 40 dias para que se arrependesse.

Devemos também considerar a conotação do número 40 como um tempo necessário para a preparação de um processo de mudança e evolução. Os 40 anos que os israelitas passaram no deserto, por exemplo, prepararam-nos para entrar na Terra Prometida, e os 40 dias que Jesus passou com seus discípulos após a ressurreição serviram para prepará-los para a missão futura.

Na tradição judaica e na numerologia bíblica, o número 40 pode representar a ideia de um ciclo completo de tempo necessário para que algo se estabeleça ou amadureça. É um período longo o suficiente para que ocorram transformações significativas, mas com um fim estabelecido, apontando para a conclusão de um processo.

Portanto, podemos concluir que os 40 dias que Jesus passou no deserto consistiram em um período necessário de experiência, para que ele provasse perante o Eterno que era digno de assumir seu ministério na Terra. Todavia, podemos também mencionar que o período que o Mestre passou com os discípulos depois de ressuscitar (40 dias) foi o tempo necessário para finalizar seu ciclo na matéria, iniciar seus discípulos em suas missões e, ao mesmo tempo, desprender-se aos poucos da carne para que pudesse ascender em espírito ao plano superior.

O Número 3 na Vida de Jesus: Perfeição, Equilíbrio e Espiritualidade

Nos evangelhos canônicos, o algarismo 3 também deve ser destacado. O número 3 é formado pela união dos valores "um" e "dois", significando a união entre a mónada, que é uma substância simples, indivisível, incorruptível, indestrutível e eterna, que pode ser atribuída ao princípio criador ativo, e a díade, que é um princípio passivo, dualista e antagonista. Como resultado, o três nos leva ao equilíbrio, pois um segmento de reta pode ser formado por dois pontos, mas apenas com um ponto adicional pode ser dividido em duas partes iguais.

Assim como Osíris, Ísis e Hórus, ou Salomão, Ciro e Hiram (apenas para citar algumas das inúmeras trindades sagradas), o filho surge da combinação desses dois princípios, sendo o pai o ativo e a mãe o passivo; enquanto o filho configura-se como o agente equilibrador advindo da interação entre o espiritual e o material.

O número 3 aparece em momentos importantes na história de Cristo. Um exemplo disso foi a ressurreição de Jesus, que ocorreu no terceiro dia após sua crucificação (Lucas 24:7). Este evento reforça a noção de perfeição e completude associada ao número 3, pois marca a vitória sobre a morte e a promessa de vida eterna.

Além disso, Jesus foi testado por três vezes no deserto (Mateus 4:1-11). Essas provações representam a capacidade de superar as tentações do mundo material e mobilizar a força espiritual necessária para resistir a elas. Ademais, podemos citar alguns exemplos em que o número 3 se destaca nos evangelhos sinópticos:

- O ministério de Jesus começou aos 30 anos;
- Jesus usa o número 3 em várias parábolas para mostrar conceitos espirituais, tal como na parábola dos talentos (Mateus 25:14-30);
- As três orações que Jesus fez no Getsêmani (Mateus 26:36-46) antes de ser preso;
- As três cruzes no Gólgota (a de Jesus e dos dois ladrões);
- Três reis magos foram prestar culto ao menino Jesus no seu nascimento;
- Três dias decorreram de sua morte até sua ressurreição;
- Três horas da tarde foi a hora em que Jesus morreu na cruz;
- Trinta moedas de prata foi o valor que Judas teria recebido para entregar Cristo aos seus perseguidores;
- Por três vezes Jesus foi testado no deserto;
- Pedro negou Cristo por três vezes antes que o galo cantasse;
- Por três vezes os discípulos dormiram no Jardim do Getsêmani;
- Foram três horas de escuridão durante a crucificação;
- Quantidade de presentes ofertados pelos três reis magos: mirra, ouro e incenso;
- Três mulheres visitaram o túmulo de Jesus;
- Seu ministério durou 3 anos.

Outra citação que envolve o número 3 que acho interessante comentar consiste na idade em que Jesus foi crucificado e Cristo ressuscitou, ou seja, 33 anos. Este número possui um segredo místico intrínseco e pode ser correlacionado com a quantidade de vértebras de nossa coluna.

Em princípio, isso pode parecer irrelevante, até que consideremos que a coluna vertebral transmite toda a comunicação do cérebro para o nosso corpo, além de nos dar sustentação. Diante disso, em termos esotéricos, a coluna vertebral é frequentemente associada a um canal de força vital de conexão entre o céu e a terra, de ligação entre o material e o espiritual.

Lembremos que a coluna vertebral, na tradição oriental (no yoga e no tantra), é associada ao Sushumna Nadi, o canal central por onde a energia da Kundalini (energia espiritual adormecida na base da coluna) se eleva, sendo que os chakras (centros energéticos) estão dispostos ao longo da coluna, simbolizando os níveis de consciência evolutiva do ser.

O movimento ascendente da energia Kundalini ao longo da coluna vertebral (do chackra básico até o coronário) representa a caminhada evolutiva para a reconexão do ser com o Criador, para reestabelecer a união entre o homem e o divino. Isso pode nos remeter a uma representação análoga à figura da escada de Jacó e seus 33 degraus, assim como ao pilar central da Árvore da Vida da Cabalá.

Portanto, podemos conceber que o ministério de Jesus não terminou com o número 33 por mera coincidência. Na verdade, a interpretação deste número nos conduz à ideia do real propósito de sua estada aqui no mundo material manifestado: o de trazer ensinamentos necessários para reestabelecer a ligação íntima entre o Criador e sua criatura, por meio da promoção de sua evolução espiritual sempre ascendente, estável e verticalizada. O trinta e três está também associado a um reinício de ciclo, já que lembra a palavra "roda" em hebraico (galgal — 33 com 33 – גלגל).

Igualmente, o número 33 pode ser relacionado como 3 x 3 = 9 ou 3 + 3 = 6. O número 6 já comentei anteriormente; todavia, o 9 acho interessante tecer algumas observações. Este número representa, na tradição cabalística, a verdade, a eternidade e o bem; assim como a união entre o homem e a mulher, uma vez que a gravidez dura nove meses e possui por objetivo trazer a este mundo físico uma nova alma. No alfabeto hebraico, a letra que possui valor nove é Tet, a qual é associada ao conceito de bondade oculta (já que "tov" em hebraico – bom – se inicia com a letra Tet).

No Pitagorismo, o número nove representa finalização, realização ou culminação de um ciclo, sendo o símbolo do fim de um processo. Simboliza a imutabilidade e sua essência constante, o que podemos associar à ideia de eternidade e estabilidade. Isso é interessante, pois o número 9 possui uma característica que nenhum outro algarismo possui. Todo número multiplicado por ele, quando suas parcelas são somadas, retorna ao valor de seu multiplicador, como a seguir:

- 9 x 3 = 27 = 2+7 = 9
- 9 x 5 = 45 = 4+5=9
- 9 x 8 = 72 = 7+2 = 9
- 375 x 9 = 3+3+7+5 = 18 = 1+8 = 9
- 25064 x 9 = 225576 = 2+7=9

No contexto pitagórico, o nove também é considerado o número do homem ou da humanidade, refletindo o aspecto espiritual e físico do ser humano. A ligação com a ideia de espiritualidade está associada às nove musas da mitologia grega (Clio, Euterpe, Tália, Melpôneme, Terpsícore, Érato, Polímnia, Urânia, Calíope), que inspiram as artes e os conhecimentos.

Convido o leitor agora a visitar outra passagem marcada pelo número 3, que também julgo interessante comentar pelo seu magnífico significado oculto. A passagem que menciona Jesus sendo crucificado entre dois ladrões é encontrada nos quatro Evangelhos, sendo que cada um relata esse momento com pequenas variações:

> *E foram crucificados com ele dois ladrões, um à sua direita, e outro à sua esquerda* (Mateus 27:38).
>
> *E com ele crucificaram dois ladrões, um à sua direita, e outro à esquerda. E cumpriu-se a Escritura que diz: E com os malfeitores foi contado* (Marcos 15:27-28).
>
> *E também eram levados outros dois, que eram malfeitores, para serem executados com ele. Quando chegaram ao lugar chamado Calvário, ali o crucificaram, e também os malfeitores, um à direita e outro à esquerda* (Lucas 23:32-33).
>
> *Onde o crucificaram, e com ele outros dois, um de cada lado, e Jesus no meio* (João 19:18).

Apesar das diferenças nos detalhes dos quatro versículos citados, destaca-se o fato de que, em todos eles, Jesus é colocado entre os ladrões. Ou seja, Ele não está nem à direita, nem à esquerda, mas centralizado. Como em tudo que está registrado no livro sagrado, acredito que nada foi escrito por mera convenção ou coincidência. Para continuarmos nosso exercício de abstração da literalidade dessa passagem, vamos atentar para o seguinte trecho do livro de Lucas, que narra que um dos malfeitores se arrepende e pede perdão a Jesus, enquanto outro pragueja e amaldiçoa:

> *E um dos malfeitores que estavam pendurados blasfemava dele, dizendo: Se tu és o Cristo, salva-te a ti mesmo, e a nós. Respondendo, porém, o outro, repreendia-o, dizendo: Nem ao menos temes a Deus, estando na mesma condenação? E nós, na verdade, com justiça, porque recebemos o que os nossos atos mereciam; mas este nenhum mal fez. E disse a Jesus: Senhor, lembra-te de mim, quando entrares no teu reino. E disse-lhe Jesus: Em verdade te digo que hoje estarás comigo no Paraíso (Lucas 23:39-43).*

É notória a mensagem de perdão e amor de Jesus em relação ao ladrão apresentada neste versículo; ademais, essa é a interpretação mais comum deste texto, ressaltando a compaixão divina demonstrada pelo Mestre em seus momentos finais. Todavia, ao analisarmos com maior profundidade, percebemos que a cena da crucificação oferece uma rica simbologia espiritual e filosófica.

Jesus está situado entre dois ladrões, caracterizados de maneira distinta: um "mal" — raivoso, colérico e blasfemador — e outro "bom" — arrependido, esperançoso e com o coração entregue. Esse posicionamento não é mero acaso, mas uma representação poderosa dos extremos que habitam a existência humana e o papel de Cristo como mediador universal.

Dessa forma, Cristo está no centro entre dois limites: um que simboliza a rejeição, o orgulho e a resistência ao divino, e outro que representa a humildade, a aceitação e a transformação pela fé. Mais do que uma simples disposição física, essa centralidade é um reflexo espiritual de equilíbrio e transcendência. Jesus, ao ocupar esse lugar central, torna-se o ponto de equilíbrio entre forças opostas, o mediador perfeito entre a humanidade e D´us, entre a justiça e a misericórdia.

A unidade que Cristo traz à dualidade entre o bem e o mal é uma revelação da harmonia divina. Ele é o eixo que conectou os extremos, o ponto que sintetizou os opostos, transformando o dual em ternário. O ternário — frequentemente interpretado como o número da completude e da perfeição espiritual — surge aqui como um símbolo de reconciliação e da presença redentora de Cristo que, ao estar entre ambos, aponta para uma possibilidade de redenção e equilíbrio, tal como tento ilustrar por meio do modelo seguinte:

Figura 6 – Equilíbrio entre opostos proporcionado pelo Cristo crucificado

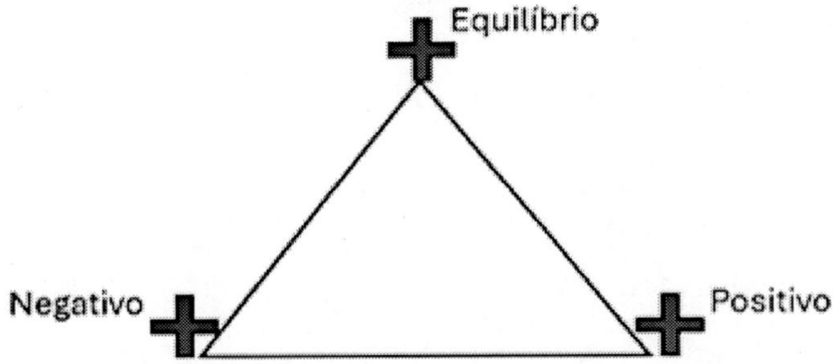

Durante a saga de Cristo contada nos testamentos, é relatado que seu ministério se iniciou quando ele tinha 30 anos. Novamente, este não é um número aleatório. O número trinta equivale à idade em que o homem atinge maturidade suficiente para o início de sua jornada espiritual rumo à transcendência. É quando o aprendiz está pronto para se tornar mestre e difundir sua palavra. Não é por acaso que outros avatares espirituais, como Sidarta Gautama (Buda), Maomé, Zoroastro, Mahavira etc., iniciaram seus ministérios aos trinta anos de idade. Na tradição judaica, o número 30 alude à majestade, já que é adquirida através das trinta qualidades, as quais são descritas a seguir:

Virtudes Morais e Éticas:

1. Justiça (Tzedek);
2. Bondade (Chessed);
3. Humildade (Anavah);
4. Gratidão (Hakarat Hatov);
5. Coragem (Ometz Lev);
6. Honestidade (Yosher);
7. Respeito (Kavod);
8. Perseverança (Shtikah);
9. Autodisciplina (Middot);
10. Compaixão (Rachamim).

Princípios Espirituais e Religiosos:

11. Fé (Emunah);
12. Estudo da Torah (Talmud Torá);
13. Oração (Tefilah);
14. Paz Interior (Shalom);
15. Observância do Shabat;
16. Tzedakah (Caridade);
17. Arrependimento (Teshuvá);
18. Alegria (Simchá);
19. Santidade (Kedushah);
20. Unidade (Achdut).

Valores Comunitários e Universais:

21. Amor ao Próximo (Ahavat Re'a);
22. Estudo da Sabedoria (Chochmah);
23. Proteção ao meio ambiente (Bal Tashchit);
24. Paciência (Savlanut);
25. Resiliência (Koach);
26. Lealdade/Verdade (Emet);
27. Responsabilidade (Arevut);
28. Educação dos Filhos (Chinuch);
29. Alegria no cumprimento das obrigações (Mitzvot);
30. Retidão Moral (Derech Eretz).

Devemos lembrar também que foi aos 30 anos que José (Yossef) se apresentou diante do Faraó e se tornou vice-rei do Egito, de acordo com Gênesis (Bereshit) 41:46. Em 2º Samuel (Shmuel) 5:4, conta-se que o rei Davi começou a reinar com 30 anos de idade.

No alfabeto hebraico, a letra que possui valor numérico 30 é Lamed, cujo significado é "estudar" ou "ensinar". Desta letra também deriva a palavra Lev, ou seja, "coração". Assim, a letra Lamed nos conduz à ideia de ensinar (ou estudar) com o coração.

Portanto, a idade de trinta anos seria aquela em que o avatar em questão (o Cristo) já teria adquirido as trinta virtudes essenciais devido ao seu processo de amadurecimento espiritual, o qual o habilita a iniciar seu ministério, cuja missão é ensinar com o coração.

Do Quaternário à Quintessência: O Simbolismo Esotérico dos Números 4 e 5

É sabido que o ternário contém os princípios de equilíbrio, positivo e negativo, todavia, é por meio do quaternário que o ternário retorna a uma célula única, como demonstrado no seguinte exemplo:

[Pai (1) + Mãe (2) = Filho (3)] = Família (4)

O número 4 significa que a consciência de uma pessoa deve estar primariamente focada em sua missão neste mundo, representada pelo mandamento encontrado em Gênesis 1:28 ("sejam frutíferos e multiplicai-vos"), ou seja, o de constituir uma família (pai, mãe, filho e filha). Há quatro direções no mundo material (Norte, Sul, Leste, Oeste) e há também quatro elementos básicos do mundo físico: terra, fogo, ar e água.

No alfabeto hebraico, a letra Dalet é a que possui o valor numérico quatro. Na tradição judaica, esta letra simboliza humildade, pois sua forma representa uma porta aberta para permitir a entrada. Dalet denota alguém que é pobre ou humilde (dal, em hebraico, significa "pobre") e depende de ajuda externa, aludindo à abertura desta para receber bênçãos divinas.

O número quatro representa o feminino e é considerado um algarismo que conduz à harmonia, sendo baseado na segunda potência de 2 ($2^2 = 2 \times 2 = 4$). Com as quatro estações do ano, pode representar a figura da "Mãe Terra", o que nos conduz ao arquétipo católico de Maria, mãe de Jesus. Dentro do simbolismo, o 4 está ligado aos 4 ventos principais (Vento Norte, Vento Sul, Vento Leste, Vento Oeste), aos 4 temperamentos

(Sanguíneo, Melancólico, Colérico e Fleumático), aos 4 rios do paraíso (Tigre, Eufrates, Giom e Pisom), aos 4 evangelistas (Mateus, Marcos, Lucas e João), às 4 fases da vida (infância, juventude, maturidade e velhice); 4 são as fases da Lua, 4 são as etapas do processo alquímico (Nigredo, Albedo, Citrinitas e Rubedo), e 4 é a quantidade de letras que compõe o tetragrama sagrado, etc.

Este número também está relacionado à figura geométrica do quadrado, o qual figura como símbolo da materialidade, da terra, em oposição ao círculo. Os pitagóricos viam-no como a ação unificada dos quatro elementos fundamentais. Carl Jung também vê a figura do quadrado como a representação da matéria, do corpo e da realidade terrena.

Além do quadrado, a figura geométrica da cruz também pode ser fortemente relacionada ao número 4 e, como resultado, a cruz também pode ser associada à materialidade. Esta possui quatro segmentos com direções opostas, com duas retas verticais e duas horizontais. Isso dá ao símbolo a noção de oposição entre os elementos naturais (fogo ativo oposto à água passiva e ar ativo oposto à terra passiva). Quando se consideram somente os dois segmentos (braços) da cruz, ela também pode ser o símbolo da interpenetração de duas realidades opostas, especialmente entre o céu e a terra; tempo e espaço; espiritualidade e materialidade. A cruz é um símbolo do meio, do equilíbrio entre as atividades passivas e ativas, do Homem Perfeito. Se considerarmos os quatro braços de uma cruz inscrita em círculo com raios, podemos ter acesso à figura de uma roda, ou mesmo à representação do sol.

A cruz é associada a religiões e culturas pré-cristãs, como a Índia, China, Egito, Caldeia, fenícia e babilônica, entre outras, por causa de seu significado cosmogônico e fisiológico. A cruz representa os quatro reinos naturais (mineral, vegetal, animal e hominal) na tradição rosacruz.

Um ponto é criado quando as verticais e horizontais da cruz se interceptam, levando o quaternário ao número cinco. Este é o ponto de partida para a quintessência, ou a espiritualidade que transcende o mundo material. Assim como os maçons, os rosacruzes interpretam este ponto como uma rosa de significado místico.

A rosa simboliza a perfeição ou a evolução do espírito, adquirida por meio de luta e sofrimento. Para os alquimistas, é a indicação da conclusão da Grande Obra ou Magnos Opus. Jesus também é chamado de "A rosa de Saron", a flor mais linda e ideal do vale. Assim, a rosa colocada na cruz remete à noção de que o espírito se sobrepõe à materialidade, passando do algarismo 4 ao 5. Este número representa a quintessência do ser superior. Além disso, materializa a figura do pentagrama, que contém a proporção áurea, o número mágico com o qual o Supremo deu equilíbrio e beleza ao mundo. Na numerologia do destino, isso significa liberdade de movimento e pensamento.

Figura 7 – Representação da cruz com a rosa no meio e o Tetragrama Sagrado no topo

Yeshua crucificado é a representação do poder do homem perfeito sobre o plano manifestado terrestre. Ele representa o triunfo do espírito sobre a materialidade e, sendo assim, a imagem do Cristo crucificado deve ser vista como um sinal de vitória em vez de pesar ou morte. O quaternário da cruz torna a tríade mais simples e a restaura à unidade. A cruz torna o manifesto e o não manifesto em "um"; o princípio indivisível universal retorna a tudo.

Portanto, podemos dizer que a cruz marca a morte do homem Yeshua e a libertação do espírito do Cristo que estava preso nele. O triunfo sobre a cruz simboliza a unificação dos opostos (alto, baixo, norte, sul, leste, oeste, passivo, ativo, carne e espírito). Em outras palavras, é a eliminação da dualidade que caracterizava a experiência terrena do espírito quando encarnado.

A partir dessa perspectiva, o entendimento da Trindade é evidente, embora muitos cristãos, mesmo os mais devotados, continuem a manter um mistério. Como não há diferenças dentro do universo do equilíbrio e da perfeição, não existe meia verdade e o infinito não pode ser dividido em partes; ou seja, Deus é Uno e sempre o será. No entanto, sempre achei estranho considerá-lo dividido em três partes: Pai, Filho e Espírito Santo. Assim, podemos conjecturar que o que é chamado de "Espírito Santo" na verdade consiste na centelha divina que todos herdamos do Criador. A centelha divina, de acordo com os preceitos da Cabalá, é a chama que arde dentro de cada ser, a parte mais elevada e sagrada da alma, que nunca pode ser extinta e nos conecta ao Eterno. Consiste na ideia de que uma fração da essência de Deus reside dentro de cada um de nós, independentemente de raça, credo, religião, sexo, etc. Este simbolismo é representado no livro de Atos 2:1-4 a seguir transcrito:

> *Ao cumprir-se o dia de Pentecostes, estavam todos reunidos no mesmo lugar; de repente, veio do céu um som, como de um vento impetuoso, e encheu toda a casa onde estavam assentados. E apareceram, distribuídas entre eles, línguas, como de fogo, e pousou uma sobre cada um deles. Todos ficaram cheios do Espírito Santo e passaram a falar em outras línguas, conforme o Espírito lhes concedia que falassem* (Atos 2:1-4).

Obviamente, precisamos despertar essa centelha, pois, apesar de nascermos com esta (e as crianças a mantêm até o final da infância), a necessidade de sobrevivência conspira para torná-la uma centelha cada vez mais tênue e tímida. É por isso que o Espírito Santo é representado sob o arquétipo de "fogo" ou "chama" em vários lugares do Novo Testamento.

O Cristo, e não o homem Yeshua, é quem nos dirige e nos ensina sobre como reativar a chama que perdemos. É ele quem nos guiará pelo pilar central da árvore da vida (Malkuth, Tipheret, Kether). É a luz que guia o iniciado pelo caminho que leva ao Pai e ao fim da dualidade.

O número cinco também merece destaque nos evangelhos sinópticos; um exemplo a ser citado é quando Yeshua alimentou cinco mil pessoas no monte com cinco pães e dois peixes, conforme relatado em Mateus 14:13-21; Lucas 9:10-17 e João 6:1-14. Além dos números, também podemos destacar as figuras simbólicas dos pães e dos peixes.

Um dos alimentos mais antigos que existem é o pão. Este não é apenas um alimento para o corpo, mas também simboliza a vida, a renovação, a humildade e o sacrifício. Assim, podemos dizer que o pão é, ao mesmo tempo, alimento físico e símbolo de alimento espiritual. Lembremos que, dentro do Tabernáculo e do Templo de Jerusalém, havia mesas com os pães da preposição, símbolos do pão da vida. O pão é um símbolo esotérico de sustento, transformação e comunhão espiritual do homem com Deus. O processo de fazer o pão (plantio, colheita, moagem do trigo, fermentação e cozimento) consiste em um ciclo de transformação da matéria original, nos conduzindo ao princípio da transmutação espiritual.

O peixe, décimo segundo signo do zodíaco, representa a morte e a fecundidade. Em Peixes, Júpiter é o regente, Vênus se exalta e Mercúrio está, ao mesmo tempo, em exílio e queda. O Sol permanece em Peixes aproximadamente entre 19 de fevereiro e 20 de março. O peixe é associado ao batismo no cristianismo e é também um arquétipo do elemento espiritual. Yeshua viveu na era de Peixes, o último signo do zodíaco, que está entre Aquário e Áries (para maiores detalhes, vide capítulo anterior).

A palavra peixe em grego (ichtys) também pode ser interpretada como um acróstico para as palavras Iesous Christos Theou (H)yios Soter (Jesus Cristo, Filho de Deus, Salvador). O peixe é símbolo da água, do passivo feminino negativo; enquanto o pão é o símbolo ativo masculino positivo.

O número 5 no alfabeto hebraico corresponde ao valor da letra Hei, que é a segunda e última letra do Tetragrama Sagrado. Graficamente, a letra Hei combina as letras Dalet e Vav. Dalet representa a pobreza, pois em hebraico, pobre se diz "dal" (לד = Dalet + Lamed). A letra Vav possui um formato de gancho e nos traz a ideia de conexão entre o mundo espiritual e material, entre Deus e o homem. Assim, a letra Hei (Dalet + Vav) nos conduz ao seguinte pensamento: Aquele que possui conexão com o mundo espiritual deixa de ser pobre.

Figura 8 – Letras Hebraicas na sequência: Hei, Dalet, Vav

ודה

Segundo os pitagóricos, o número 5 era considerado perfeito e representava o microcosmo (homem). O 5 é o somatório do 2 (passivo) com o 3 (ativo). Também é o número que define a quintessência, ou seja, o quinto elemento, aquele que transcende a materialidade dos elementos fundamentais (terra, água, fogo e ar). É o símbolo do domínio da espiritualidade sobre a materialidade, da razão sobre a superstição; ou seja, representa aquilo que é eterno, imutável e sublime, um estado de equilíbrio e transcendência além dos elementos do mundo físico.

Este algarismo também define o pentagrama, ou estrela de cinco pontas, sendo que cada uma das quatro pontas corresponde a um elemento e a ponta superior ao espírito. Todas as proporções e relações entre as linhas e segmentos de reta em um pentagrama desenhados de forma precisa se equivalem à Proporção Áurea (1,618033988749...), ou bem próximo a ela. Na maçonaria, a figura do pentagrama foi tomada como sendo a representação da Estrela Flamígera, símbolo do Grande Arquiteto do Universo. O fogo sagrado sob esta estrela representa o sol, a Divindade que emana sua luz e energia, sem a qual a humanidade não subsiste.

Devido aos significados apresentados, pode-se concluir que o alimento que Cristo deu à multidão é mais do que apenas um milagre para saciar a fome física desta gente. Parece que a passagem nos leva à noção de que Cristo é o difusor da mensagem, bem como o provedor de alimentos espirituais e materiais, fornecendo comida a todos aqueles que buscam crescer em sua quintessência.

O Simbolismo do Número 12: Ordem Cósmica e Estrutura Espiritual nos Evangelhos

Não irei comentar que o número 12 pode ser decomposto em três por meio da redução teosófica (1+2=3), pois isso já foi dito anteriormente, nem mesmo correlacioná-lo a aspectos astrológicos, pois já foi discutido no capítulo anterior; contudo, acho interessante comentar que o número 12, na tradição judaica, representa a estrutura dada ao mundo natural, ou seja, os quatro pontos cardeais, juntamente com acima e abaixo, associado aos seis dias da criação. Isto é: a união do espaço com o tempo.

O número 12 aparece diversas vezes nos evangelhos sinópticos, as quais tomo a liberdade de citar:

- 12 foram os discípulos escolhidos por Jesus (Lucas 6:13; Mateus 10:2; Marcos 3:14 e João 6:70);
- Jesus debatendo com os doutores no templo aos 12 anos (Lucas 2:41-42);
- Os 12 cestos do milagre da multiplicação (Lucas 9:17; Mateus 14:20; Marcos 6:43; João 6:12-13);
- O Governo de Jesus e as 12 tribos (Lucas 22:30; Mateus 19:28);
- As 12 legiões de anjos (Mateus 26:53);
- A mulher com fluxo de sangue por 12 anos (Marcos 5:25);
- A menina de 12 anos ressuscitada (Marcos 5:39-42).

Doze também pode ser associado às horas do dia e da noite, o que demonstra a constante evolução representada pelo aspecto do mundo material. Este número também representa as doze tribos de Israel (Rúben, Simeão, Levi, Judá, Dã, Naftali, Gade, Aser, Issacar, Zebulom, Efraim e Manassés).

Assim, para o caso dos discípulos escolhidos por Jesus, além da relação que podemos estabelecer com cada um sendo uma casa zodiacal (e o Mestre sendo, obviamente, o Sol), somos também aptos a entender que cada qual pode estar associado a uma dimensão específica do mundo material. Em sequência, tomo a liberdade de estabelecer esta relação com base em minha interpretação, utilizando-se dos evangelhos sinópticos, apócrifos e das tradições judaicas e cristãs:

Dimensões Espaciais:

1. **Acima (Céu) – João**: Representa o céu por sua proximidade espiritual com Jesus mantendo conexão direta com o divino;
2. **Abaixo (Terra) – Pedro:** Simboliza a base ou o fundamento, pois Jesus disse: "Tu és Pedro, e sobre esta pedra edificarei a minha igreja" (Mateus 16:18);
3. **Norte (André)**: Representa o norte como direção do conhecimento, por ser o primeiro discípulo a reconhecer Jesus e trazer outros (João 1:40-42);

4. **Sul (Filipe)**: Associado ao sul, símbolo de vida e expansão, pois Filipe trouxe Natanael e abriu portas para o evangelho (João 1:43-45);
5. **Leste (Tiago – Filho de Zebedeu)**: O leste é o lugar do amanhecer e iluminação, refletindo o papel de Tiago como líder e símbolo de entusiasmo espiritual;
6. **Oeste (Bartolomeu – Natanael)**: Oeste é a conclusão do dia, ligado à contemplação e pureza, visto que Jesus o descreveu como "*um verdadeiro israelita, em quem não há falsidade*" (João 1:47).

Os Seis Dias da Criação (visto que no sétimo Deus descansou)

7. **Primeiro dia (Luz) – Tiago, Filho de Alfeu**: Simboliza a luz e a simplicidade espiritual, pouco mencionado nos evangelhos sinópticos, mas essencial no equilíbrio da comunidade dos apóstolos;
8. **Segundo dia (Céus) – Tomé**: Representa a separação do céu e da terra, pela sua dúvida e, posteriormente, sua confissão de fé: *"Meu Senhor e meu Deus"* (João 20:28);
9. **Terceiro dia (Terra) – Mateus**: Simboliza a regeneração, pois foi transformado de cobrador de impostos para apóstolo;
10. **Quarto dia (Luzeiros) – Judas Tadeu**: Reflete os corpos celestes, iluminando discretamente, por ser um apóstolo menos mencionado nos evangelhos sinópticos, mas importante;
11. **Quinto dia (Peixes e Aves) – Simão, o Zelote**: Representa a liberdade e o movimento, como o zelo por Deus em sua vida missionária;
12. **Sexto dia (Homem e Animais) – Judas Iscariotes:** Denota a complexidade humana, capaz de grandes escolhas e quedas, encerrando o ciclo da criação antes do descanso.

Podemos destacar a relação entre os quatro elementos fundamentais da matéria (terra, água, fogo e ar) e as três dimensões que também são usadas para definir nossa realidade tridimensional (comprimento x largura x espessura), o que resultaria no algarismo 12.

Saliento que os quatro elementos representam não apenas os componentes básicos da matéria, mas também princípios arquetípicos que estruturam o universo. A terra simboliza estabilidade e forma; a água representa fluidez e emoção; o fogo é energia e transformação; e o ar expressa movimento e comunicação. Na alquimia, esses elementos são simbolizados por triângulos, que traduzem suas qualidades essenciais: passividade, atividade, estabilidade e fluidez. Juntos, formam a base da existência material e energética.

Figura 9 – Elementos fundamentais da matéria e seus símbolos

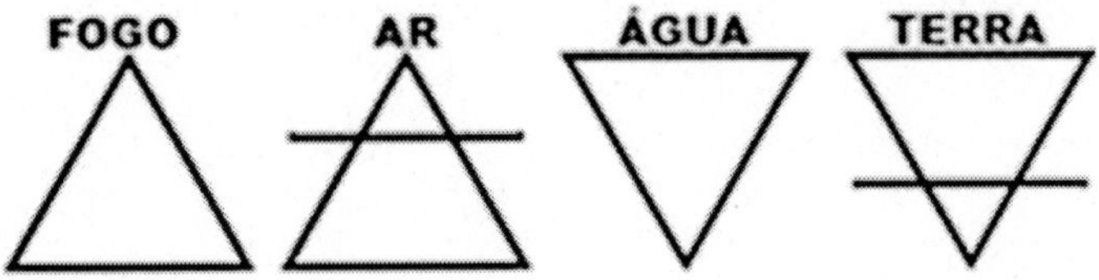

Por outro lado, as três dimensões espaciais definem o posicionamento em que um corpo se orienta no plano material, conferindo forma e volume ao mundo físico. O comprimento e a largura descrevem o plano horizontal, enquanto a profundidade introduz o eixo vertical, permitindo a percepção de volume e completude no mundo material. Portanto, como já foi dito, o número 12 na tradição judaica e na filosofia esotérica é símbolo de totalidade e da estrutura do universo material manifesto.

Na alquimia, o número 12 é associado à harmonia e à perfeição, resultado da integração entre os elementos fundamentais e o espaço tridimensional. Ele representa a interação entre os princípios metafísicos e as leis físicas, que juntas criam o mundo material como o conhecemos. Essa unificação é vista como uma expressão da ordem divina, na qual o espiritual e o material coexistem em equilíbrio.

Portanto, a relação entre os quatro elementos e as três dimensões, expressa pelo número 12, também simboliza a estrutura completa do universo material. É uma demonstração de como os princípios arquetípicos interagem com o espaço físico para criar uma realidade tangível e ordenada.

Os 72 discípulos e os nomes de Deus - Shemhamphorasch

Em algumas traduções bíblicas, no relato do envio de discípulos feito por Jesus no evangelho de Lucas 10, há uma diferença na quantidade designada pelo Mestre. Algumas versões indicam o total de 70, enquanto outras trazem 72. Essa diferença ocorre em função da tradução da Bíblia consultada.

Durante a cópia manual dos textos, pequenos erros ou ajustes interpretativos podem ter ocorrido. Tanto o número 70 quanto o 72 eram comumente usados simbolicamente na tradição judaica, o que pode ter levado a interpretações ou ajustes distintos por parte dos copistas das escrituras.

Outra explicação para essa diferença pode estar no fato de que os manuscritos foram agrupados em "famílias" textuais, como o texto alexandrino, o bizantino e o ocidental. Algumas dessas "famílias" apresentam o número 70, enquanto outras trazem o número 72. Por exemplo, manuscritos como o Códice Sinaítico e o Vaticano (do século IV) apresentam o número 70, enquanto outros, como o Códice Alexandrino e alguns manuscritos da Vulgata Latina, trazem o número 72.

Considerando o número 72, o capítulo 10 do evangelho de Lucas conta que Jesus enviou 72 discípulos para divulgarem a sua mensagem, indo de dois em dois, o que totalizava 36 duplas.

Lembro que a palavra "discípulo" se origina do latim discipulus, que significa "aluno" ou "aprendiz". No contexto dos evangelhos, "discípulo" refere-se a qualquer pessoa que seguia os ensinamentos de Jesus. Portanto, todos os seguidores de Jesus podem ser chamados de discípulos, incluindo os 12 e os 72 enviados. Assim, podemos dizer que o Mestre possuía 84 discípulos, sendo 12 deles também considerados apóstolos.

Na passagem apresentada entre os versículos 1 e 19, Jesus instrui os 72 a irem de cidade em cidade pregando sua palavra; a permanecerem nos locais onde forem bem recebidos e a saírem rapidamente daqueles onde não forem bem acolhidos. Durante a jornada, o Mestre também atribuiu aos 72 o poder de curar os enfermos e expulsar demônios. Os versículos 17 a 20 relatam o retorno dos 72 em júbilo pela missão cumprida, como se pode observar na transcrição seguinte.

> *Os setenta e dois voltaram alegres e disseram: Senhor, até os demônios se submetem a nós, em teu nome. Ele respondeu: Eu vi Satanás caindo do céu como relâmpago. Eu lhes dei autoridade para pisarem sobre cobras e escorpiões e sobre todo o poder do inimigo; nada lhes fará dano. Contudo, alegrem-se, não porque os espíritos se submetem a vocês, mas porque os seus nomes estão escritos nos céus* (Lucas 10:17-20).

Observando a transcrição, chama a atenção o trecho: "*Contudo, alegrem-se, não porque os espíritos se submetem a vocês, mas porque os seus nomes estão escritos nos céus*". Ao considerarmos o número 72 na simbologia cabalística e judaica, percebemos que ele faz alusão aos 72 conjuntos de três letras hebraicas que formam os 72 Nomes de Deus, conforme embasado em Êxodo 14:19-21.

Na tradição cabalística, os 72 Nomes de Deus são combinações de letras hebraicas que expressam diferentes aspectos divinos do Eterno. Esses Nomes são utilizados em meditações, orações e práticas espirituais para conectar o estudante às energias divinas, buscando proteção, esclarecimento ou a resolução de desafios tanto materiais quanto espirituais. Apesar de serem chamados de "nomes", eles não são propriamente nomes no sentido comum, mas sim chaves simbólicas para acessar e compreender a essência do Criador.

O Tetragrama Sagrado (YHVH) possui um valor numérico de 26, obtido pela soma dos valores de suas letras: Yod (10) + He (5) + Vav (6) + He (5) = 26. No entanto, ao expandirmos nossa análise do Tetragrama, podemos identificar que os 72 Nomes do Santíssimo surgem como variações ou manifestações derivadas do próprio Tetragrama Sagrado, refletindo sua essência divina em múltiplas formas, como observamos a seguir.

Figura 10 – Tetragrama contido em um triângulo

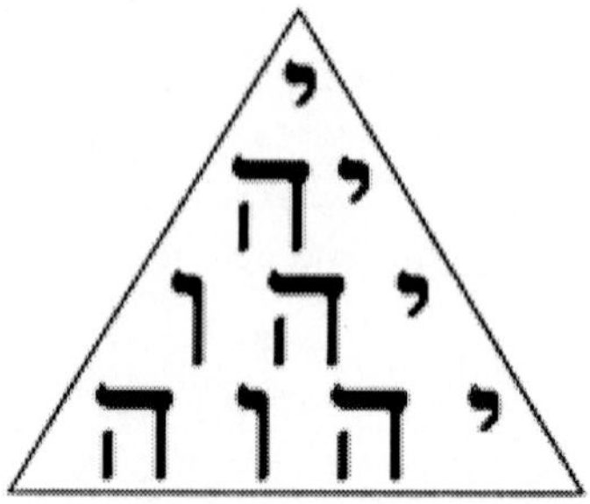

Letra Yod = 4 x 10 = 40

Letra He = 3 x 5 = 15

Letra Vav = 2 x 6 = 12

Letra He = 1 x 5 = 5

Total = 40 + 15 + 12 + 5 = 72

Os 72 nomes do Altíssimo também estão escritos em Êxodo 14:19-21, transcritos em seguida:

> *E o anjo de Deus que andava diante do acampamento de Israel, moveu-se e foi atrás deles; e a coluna de nuvem moveu-se defronte deles e pôs-se atrás deles, postando-se entre o acampamento dos egípcios e o acampamento de Israel; assim havia nuvem e escuridão (para os egípcios), mas era iluminada a noite (para Israel); e não se aproximaram um do outro toda a noite. E Moisés estendeu sua mão sobre o mar e o Eterno levou o mar com um forte vento oriental por toda a noite, e fez do mar terra seca e as águas foram divididas* (Êxodo 14: 19-21).

A seguir é apresentado o versículo anterior traduzido para o hebraico; todavia, o versículo 19 está orientado da direita para a esquerda; o 20 da esquerda para a direita e o 21 da direita para a esquerda:

Verso 19:

סֶהיֵנְפִּמ נָנָעֶה דוּמַּע עַסִּיַּו ,סֶהיֵרֲחַאֵמ ךְֶלֵיַּו לֵאָרְשִׂי הֵנֲחַמ יֵנְפִל ךְֵלֹהַה םיִהֹלֱאָה ךְַאְלַמ עַסִּיַּו
סֶהיֵרֲחַאֵמ דֹמֲעַיַּו

Va'yissa mal'ach ha'Elohim ha'holech lifnei machaneh Yisrael, va'yelekh me'achareihem; va'yissa amud he'anan mipneihem, va'ya'amod me'achareihem.

Verso 20 (esquerda para direita):

סירצמ ןיבו הנחמ לארשי יהיו ןנעה ךשחהו ראיו תא הלילה אלו ברק הז הז לא לכ הלילה
אביו ןיב הנחמ

Ha-layla kol el zeh zeh karav ve-lo ha-layla et va-ya'er ve-ha-choshech he-anan va-yehi Yisrael machane u-vein Mitzrayim machane bein va-yavo.

Verso 21:

סָיַּה־תֶא סֶשָׂיַּו הָלְיַלַּה־לָכּ הָזַּע סיִדָק חוּרְבּ סָיַּה־תֶא הָוהְי ךְֶלוֹיַּו סָיַּה־לַע וֹדָי־תֶא הֶשֹׁמ טֵיַּו
סִיָּמַּה וּעְקָבִּיַּו הָבָרָחֶל

Va-yet Moshe et-yado al-ha-yam, va-yolech Adonai et-ha-yam be'ruach kadim azza kol-ha-layla, va-yasem et-ha-yam le-charava, va-yibake'u ha-mayim

Nos versos apresentados, o primeiro nome de Deus é tomado pela última letra de cada verso; neste caso, temos: ו+ה+ו– Vehu (Vav + He + Vav = 6 + 5 + 6 = 17). Destaco que a palavra Tov (בּוֹט = Tet + Vav+Bet = 9 +6 + 2 = 17), que significa "Bom", possui o mesmo valor numérico que Vehu; assim, o primeiro nome de Deus também pode evocar "Bondade Divina". Esta palavra nos leva a meditar acerca da necessidade de retificar o passado desde a semente da criação e atrair, com isso, a felicidade.

Para determinar os demais nomes, basta continuar o mesmo procedimento; assim, podemos ter: י+ ל +יִ- Ieli (Yod + Lamed + Yod = 10 + 30 + 10 = 50), e assim por diante. Da mesma forma que o nome anterior, este nos convida à reflexão sobre a necessidade constante do resgate da centelha divina, mantendo-a sempre acesa, bem como na atitude de constantemente buscar as energias e as oportunidades perdidas.

O terceiro nome pode ser dado pelas letras: ס+י+ט – Seiat (Sameach + Yod + Tet = 79). Nome ligado à segurança divina e à manifestação de potencial espiritual oculto, manifestação de milagres.

O Zohar ensina que os profetas, como Elias, Eliseu e Moisés, realizaram grandes milagres, como a ressurreição de mortos e a abertura do mar, não por si mesmos, mas pelo conhecimento e uso dos 72 Nomes do Santíssimo.

Esses nomes são ferramentas espirituais que canalizam e liberam a energia invisível da criação. Cada conjunto de três letras corresponde a um atributo divino e funciona como um elo que transmite a energia da Luz do Santíssimo para o nosso mundo material.

Nesse contexto, é possível interpretar que, nos versículos 1 a 20 de Lucas 10, Jesus usa a figura dos 72 discípulos como uma metáfora para os 72 Nomes de Deus e a necessidade do homem de se conectar a esses atributos para alcançar sua transcendência espiritual. Isso se torna evidente quando, no versículo 20, Jesus declara: "*Contudo, alegrem-se, não porque os espíritos se submetem a vocês, mas porque os seus nomes estão escritos nos céus*".

A referência aos nomes "*escritos nos céus*" pode ser interpretada como uma alusão ao conhecimento da composição dos 72 Nomes de Deus, usados por profetas como Moisés para operar prodígios que desafiam as leis naturais. Assim, a narrativa aponta para a importância do alinhamento espiritual com os atributos divinos como um caminho para a manifestação de milagres e a transcendência.

A figura seguinte apresenta a relação dos 72 nomes do Santíssimo.

Figura 11 – Relação dos 72 nomes de Deus

כהת Eliminando o estresse **KERRAT**	אכא DNA da alma **ACÁ**	ללה Estado de sonho **LÊLÁ**	מהש Cura total **MERRASH**	עלם Eliminando pensamentos negativos **OLAM**	סיט Criando milagres **SEIAT**	ילי Recuperando a luz **IELÍ**	והו Viagem no tempo **VEHU**
הקם Eliminando a depressão **RREKAM**	הרי Visão de longo alcance **RRERI**	מבה Adeus às armas **MABÁH**	יזל Paraíso na terra **YEZAL**	ההע Amor incondicional **HAHA**	לאו Purificando os lugares **LAAV**	אלד Removendo mau olhado **ALAD**	הזי Influências angelicais **RRAZAI**
חהו Desfazendo o ciume **RRARRÚ**	מלה Compartilhando a chama **MELAH**	ייי Banindo a atração fatal **YEIYAI**	נלך Erradicando a praga **NALARR**	פהל Vencendo os vícios **PERRIL**	לוו Buscando a Deus **LEVU**	כלי Fertilidade **CLI**	לאו Controlando o ego **LEÚ**
ושר Memórias **VESHAR**	לכב Terminando o que começou **LECAV**	אום Construindo pontes **ÓOM**	ריי Eliminando o ódio **REYÍ**	שאה Almas gêmeas **SHAH**	ירת Sócia silenciosa **IRAT**	האא Ordem a partir do caos **RRAIA**	נתה Fale o que está pensando **NETAH**
ייז Falando as palavras certas **IYAZ**	רהע Diamante em estado bruto **RIRRÁ**	חעם Compartilhando para poder receber **RREÊM**	אני Plano geral **ANI**	מנד Perdendo o medo **MENAD**	כוק Energia sexual **KEVAC**	להח Esquecendo você mesmo **LERRÁCH**	יחו Revelando o lado obscuro **YEHU**
מיה Unidade **MIAH**	עשל Transformação global **ESHAL**	ערי Certeza absoluta **ARI**	סאל Poder da prosperidade **SEAL**	ילה Amenizando o julgamento **YÉLAH**	וול Desafiando a gravidade **VEVAL**	מיכ Revelando o oculto **MIYAC**	ההה Auto estima **HAHA**
פוי Dissipando a raiva **PEVÍ**	מבה Pensamento em ação **MABÁ**	נית A morte da morte **NIYÁT**	ננא Sem interesse próprio **NINÁ**	עמם Paixão **AMAM**	החש Sem culpas **ARRÁSH**	דני O suficiente nunca é o suficiente **DÁNI**	והו Felicidade **VEHU**
מחי Projetando imagem positiva de você **MERRÍ**	ענו Valorização **ANU**	יהה Pais - Mestres não pregadores **YEHÁ**	ומב Água **VAMAV**	מצר Liberdade **METSÁR**	הרח Cordão umbilical **RRARÁCH**	ייל Seguindo em frente **IEIAL**	נמם Escutando sua alma **NÊMIM**
מום Purificação espiritual **MÓOM**	היי Profecia e universos paralelos **RRAIAI**	יבמ Reconhecendo um projeto por trás da desordem **YEVÁM**	ראה Achados e perdidos **RÉÊ**	חבו Contando almas que partiram **RRAVÚ**	איע Grandes expectativas **AYÁ**	מנק Responsabilidade **MENÁK**	דמב Temor a Deus **DEMÁV**

Percebam também que cada um dos versículos é formado por 72 letras (excluindo espaços e pontuação). Dessa forma, ao somarmos os três textos, temos: 72 + 72 + 72 = 216. Este valor numérico corresponde à palavra Gevurah (força, poder, severidade – הָרוּבְג).

Já a palavra Chesed (bondade, misericórdia divina, amor compassivo, graça – חֶסֶד) possui o valor 72. Portanto, em cada um dos versículos, podemos identificar a bondade e a misericórdia do Santíssimo na proteção do povo de Israel. Todavia, em relação aos egípcios, estes seriam punidos com severidade pelo Senhor em decorrência do fechamento do mar sobre eles.

Abrindo um parêntese e fugindo um pouco do assunto, o local onde Deus permitiu a passagem dos israelitas para escaparem das hordas egípcias, conforme relatado na Bíblia Hebraica, é denominado Yam Suf, ou Mar de Juncos. A utilização do termo "Mar Vermelho" ocorreu devido a um erro que remonta à tradução grega da Septuaginta, onde Yam Suf foi traduzido como Erythra Thalassa (Mar Vermelho). Posteriormente, essa tradução foi adotada na Vulgata Latina, o que influenciou as versões modernas das Escrituras.

O Mar Vermelho localiza-se entre o nordeste da África (Egito, Sudão) e a Península Arábica, enquanto o Mar de Juncos refere-se a uma área de águas rasas e pântanos repletos de vegetação aquática, provavelmente localizada perto do norte do Golfo de Suez ou em áreas do Delta do Nilo, bem distantes do Mar Vermelho.

Comentários finais

Portanto, face ao que aqui foi brevemente discutido, os números oferecem uma ampla gama de significados esotéricos e espirituais ao examinar a vida de Jesus Cristo. Cada número mencionado na Bíblia e nos Evangelhos serve como uma chave para entender as verdades espirituais profundas que Jesus ensinava e mostrava.

A numerologia nos ajuda a entender como os princípios espirituais universais se relacionam com os eventos da vida de Jesus. Isso nos dá uma visão mais profunda e enriquecedora de sua missão divina e de seu impacto eterno.

Os números 3, 12, 40, 30, 33, 4, 5, 6, 8, 72, entre outros, têm significados importantes que simbolizam a completude, a perfeição, a redenção e o novo começo na história da vida de Jesus. Essas associações numerológicas nos ajudam a entender melhor os seus ensinamentos, pois enfatizam a necessidade de uma harmonia entre o divino e o humano na busca pela perfeição espiritual.

Capítulo 13

A ORAÇÃO DO PAI NOSSO E A TRILHA DA SABEDORIA ESOTÉRICA

Conforme ensina a religião cristã, Jesus foi o maior homem a habitar nosso plano material, sendo o exemplo máximo de amor, compaixão e sabedoria. Entretanto, mesmo conduzindo uma obra espiritual de impacto eterno, Ele não deixou nenhum registro escrito de próprio punho.

Os relatos de sua vida, seus feitos e milagres foram escritos posteriormente, compilados em livros que, ao longo do tempo, foram atribuídos a seus apóstolos e seguidores. Estes textos formam a base do Novo Testamento, onde os ensinamentos de Jesus são transmitidos à humanidade.

Entre as mensagens e lições que Ele compartilhou, uma das mais poderosas e atemporais é a oração ensinada a seus seguidores, conhecida como o "Pai Nosso". Essa oração simples, mas profunda, condensa a essência de seus ensinamentos e vem sendo recitada há séculos por milhões de pessoas ao redor do mundo. Embora seja breve, cada linha da oração carrega um significado espiritual e filosófico que transcende barreiras culturais e religiosas.

Este capítulo tem por objetivo examinar e interpretar os elementos da oração, oferecendo uma perspectiva acerca de seu caráter místico e filosófico. Em cada frase, encontraremos camadas de significado que poderão ser compreendidas e aplicadas em diferentes níveis de consciência e entendimento.

Esta oração não apenas reflete os valores do cristianismo, mas também traz uma mensagem ecumênica e universal. Ela fala da união com o divino, do perdão, da compaixão e da busca por uma vida em sintonia com princípios elevados.

Portanto, o propósito aqui é oferecer uma leitura que ilumine o caráter ecumênico da oração, explorando como cada parte desta reflete uma verdade espiritual que pode ser aplicada por qualquer buscador, independentemente de sua tradição religiosa. A seguir, a transcrição desta:

1. *Pai-Nosso que estás no céu;*
2. *Santificado seja vosso nome;*
3. *Venha a nós o vosso reino;*
4. *Seja feita a vossa vontade;*
5. *Assim na terra como nos céus;*
6. *O pão nosso de cada dia, nos dai hoje*
7. *Perdoai as nossas ofensas;*
8. *Assim como perdoamos os que nos ofenderam;*
9. *Não nos deixeis cair em tentação;*
10. *mas livrai-nos do mal, Amém.*

Ao examinarmos a oração, podemos identificar que esta é composta por 10 linhas, sendo dividida simetricamente; ou seja, os 5 primeiros versos tratam da exaltação do Santíssimo e os demais apresentam pedidos de perdão e força espiritual.

Este tipo de divisão não é novidade; notamos uma situação semelhante quando estudamos a organização dos 10 mandamentos, em que, também de forma simétrica, os 5 primeiros mandamentos abordam a relação de Deus com o homem, enfatizando adoração e reverência, enquanto os restantes orientam condutas morais e éticas do ser humano em relação ao seu próximo.

Podemos relacionar os 613 *mitzvot* judaicos, ou seja, preceitos ou mandamentos judaicos que constituem a base do judaísmo e derivam da Torá. Dentre eles, 365 são proibitivos (não faça isso ou aquilo) e 248 são assertivos (faça, honre pai e mãe). Ao aplicarmos a redução teosófica, temos:

$$3 + 6 + 5 = 14 = 1 + 4 = 5$$

$$2 + 4 + 8 = 14 = 1 + 4 = 5$$

$$5 + 5 = 10$$

Assim, podemos admitir que existe simetria entre a oração do Pai Nosso, os 10 mandamentos e os 613 *mitzvot*, sendo que todos são definidos pela dezena. Convido o leitor a ir um pouco mais longe nessa linha de raciocínio e observar a seguir a transcrição de Gênesis 1:1 traduzido para o hebraico e transliterado:

“No princípio, criou Deus os céus e a terra”
“Bereshit bara Elohim et hashamayim ve’et ha’aretz”
“ץֶרָאָה תֵאְו םִיַמָשַּה תֵא םיִהֹלֱא אָרָּב תיִׁשאֵרְּב”

Como já comentei anteriormente, cada letra hebraica também traz consigo um algarismo correspondente. Sendo assim, podemos atribuir valores numéricos a cada uma das palavras citadas:

ץֶרָאָה+ תֵאְו +םִיַמָשַּה תֵא +םיִהֹלֱא+ אָרָּב +תיִׁשאֵרְּב = 2701 = 2+7+1 = 10

O número 10 é símbolo da totalidade, utilizado para representar a presença do Santíssimo, pois congrega em si a unidade, o início (1) e o vazio, potencial infinito (0). Na Cabalá, é a quantidade de emanações ou atributos divinos que Deus utiliza na sustentação do universo. Portanto, podemos estabelecer que a oração “Pai Nosso”, tal como os Dez Mandamentos ou as mitzvot, são formas de comunicação direta com o Santíssimo, por Ele mesmo inspiradas e perfeitas por sua simetria e significado.

Além disso, nas linhas 2, 3 e 4, o pronome “vosso” é utilizado, indicando um direcionamento específico e pessoal. Embora “vosso” geralmente se refira a algo próprio ou particular de um grupo, nesta oração, ele é usado em referência direta a Deus. Isso é reforçado pelo emprego do tempo verbal “estás”, na segunda pessoa do singular (Tu), o que sugere uma conversa íntima e pessoal com o Ser divino.

A linha 5 afirma que a vontade de Deus deve ser cumprida “assim na terra como no céu”, uma frase que ressoa com o princípio da correspondência descrito no Hermetismo: “assim em cima, como embaixo; assim embaixo, como em cima”. Esse princípio sugere uma harmonia universal, onde as leis e padrões dos planos superiores encontram reflexo nos planos inferiores, e vice-versa. No contexto bíblico, isso indica que a vontade divina não se restringe a um único plano de existência, mas deve influenciar e guiar todos os níveis da realidade – do espiritual ao material, do divino ao humano.

Essa ideia de correspondência e de cumprimento da vontade divina em todos os planos reforça o caráter universal e ecumênico da oração, lembrando-nos de que Deus opera em todas as esferas da existência e que o propósito da vida é alinhar-se com essa ordem superior em todos os aspectos. Assim, a oração convida o fiel a participar ativamente na realização da vontade divina, trazendo as leis do céu para o plano terreno e promovendo a integração entre o humano e o divino.

Nas linhas 6 a 10, a oração assume um tom mais pessoal e humilde, colocando o ser humano em uma condição de submissão e dependência de Deus. Aqui, o indivíduo reconhece que, para alcançar força espiritual e perdão, precisa do auxílio divino. É um momento de entrega e reconhecimento da necessidade de apoio e orientação espiritual.

A linha 6 contém um dos ensinamentos mais profundos de Jesus: ao pedir pelo "pão nosso de cada dia", a oração transcende a necessidade física de alimento, evocando uma confiança plena em Deus como provedor. Esse pedido convida a uma fé inabalável de que o Criador supre todas as nossas necessidades, libertando-nos da ansiedade e do apego aos bens materiais. Ele nos ensina que a verdadeira segurança não está na acumulação de riquezas, mas na confiança serena de que Deus, que provê à natureza, também cuidará de nós.

Jesus frequentemente recorria a metáforas e figuras da natureza — como pássaros, árvores e flores — para ilustrar esse princípio. Essas imagens lembram-nos de que os elementos da criação não se preocupam com o amanhã, mas confiam no cuidado constante de Deus. Assim, a oração reforça que a paz interior e a liberdade espiritual vêm quando abandonamos a necessidade de controle e nos entregamos à certeza de que o Santíssimo proverá o necessário, como se pode observar nos versículos seguintes:

> *E por que andais ansiosos quanto ao vestuário? Considerai os lírios do campo, como crescem; não trabalham nem fiam; e eu vos digo que nem mesmo Salomão, em toda a sua glória, se vestiu como qualquer deles. Pois, se Deus veste assim a erva do campo, que hoje existe e amanhã é lançada no forno, quanto mais a vós, homens de pouca fé?* (Mateus 6:28-30 e Lucas 112:27-28).

Qual de vós, se o filho lhe pedir pão, lhe dará uma pedra? Ou, se lhe pedir peixe, lhe dará uma serpente? Ora, se vós, sendo maus, sabeis dar boas coisas aos vossos filhos, quanto mais vosso Pai, que está nos céus, dará coisas boas aos que lhe pedirem! (Mateus 7:9-11 e Lucas 11:11-13).

As linhas 7 e 8 da oração refletem um dos principais ensinamentos de Jesus, encontrado em Mateus 5:39: "*Eu, porém, vos digo: não resistais ao mau. Se alguém te ferir a face direita, oferece-lhe também a outra*". Aqui, o perdão é central, ensinando que só poderemos alcançar o perdão divino se perdoarmos a quem nos ofendeu primeiro. Esse ato de perdoar, considerado um dos maiores atributos espirituais, aproxima-nos de Deus, que é o modelo supremo de compaixão e misericórdia.

As linhas 9 e 10 trazem uma construção curiosa, pois utilizam a palavra "mas" como uma conjunção coordenativa, que normalmente expressa adversidade. Seria esperado, numa leitura inicial, o uso de "e", que conectaria naturalmente o pedido para que Deus nos protegesse "do mal e de suas tentações". No entanto, ao usar "mas", a oração parece distinguir entre "tentação" e "mal" como elementos diferentes, com o mal representando algo distinto e mais profundo do que a mera tentação.

A tentação, nesse contexto, parece referir-se à manifestação da natureza humana primitiva, ligada ao instinto de autopreservação e à inclinação para o materialismo. Esse instinto reside nas camadas mais profundas da mente, conectando o ser humano ao mundo físico e à busca por segurança a qualquer custo.

De acordo com ensinamentos místicos, o homem que se deixa levar por essas tentações é considerado espiritualmente frágil, vulnerável a superstições e desprovido de temperança e sabedoria. Jesus, então, finaliza a oração com uma lição espiritual complexa que exige um olhar atento para ser desvendada.

Carl Jung abordou as tentações humanas e os instintos primitivos no contexto de sua teoria do inconsciente, especialmente ao tratar do inconsciente coletivo, dos arquétipos e da sombra. Para Jung, as tentações, que nada são além da manifestação de nossos instintos primitivos, fazem parte da complexidade humana, representando forças que tanto ameaçam quanto possibilitam o crescimento psíquico. Jung considerava os instintos primitivos como parte do inconsciente coletivo herdado de nossos ancestrais. Estes são energias naturais que podem ser tanto construtivas quanto destrutivas, a depender da forma como lidamos e canalizamos.

Segundo o Zohar, o homem é guiado por três forças: a lógica, inspirada pela alma santa; a paixão, ligada ao "mau desejo" (não ao "mal" em si); e o instinto de autopreservação. O espírito da tentação só exerce influência sobre o homem quando ele já está apegado aos prazeres terrenos. Deve-se lembrar que os animais vivem e sobrevivem pelo instinto, mas isso não os torna "maus".

Na Maçonaria, essa lição é simbolizada pela figura do pedreiro, que trabalha para desbastar a "pedra bruta". As asperezas da pedra representam as imperfeições impostas por nossa natureza humana primitiva. O ato de desbastar a pedra, transformando-a de bruta em polida, reflete o esforço do homem para superar seus instintos mais básicos e alcançar um estado de consciência espiritual mais elevado. Esse processo representa o trabalho de autodomínio e transformação interior, onde o indivíduo vai pouco a pouco refinando sua essência, aproximando-se da verdadeira sabedoria e da plenitude espiritual.

Na linha 10, a palavra "mal" neste contexto pode não se referir a inferno, danação, pecados ou outras superstições dogmáticas, mas sim à ideia de morte. Contudo, seria a morte entendida como a destruição e corrupção da matéria? Possivelmente não, considerando a profundidade dos ensinamentos condensados nesta breve oração de apenas dez linhas.

De acordo com a doutrina espírita, o "Bem" é tudo o que se conforma à Lei de Deus, enquanto o "Mal" é tudo o que dela se afasta. Nesse sentido, observamos novamente a aplicação de um princípio hermético: o da polaridade.

Esse princípio afirma que "os opostos são idênticos em natureza, mas diferentes em graus; os extremos se encontram; todas as verdades são meias-verdades; todos os paradoxos podem ser reconciliados." Assim, o bem e o mal, embora opostos, fazem parte de uma Lei Universal que regula o equilíbrio do universo.

Ao criar o Éden, Deus colocou no centro a Árvore da Ciência do Bem e do Mal, oferecendo ao homem o livre-arbítrio. Que liberdade Adão teria na perfeição do Éden sem a possibilidade de escolha? Deus ofereceu essa liberdade por meio da serpente, símbolo da inteligência e da sabedoria.

Assim, ao pedirmos a Deus que nos livre do mal, estamos pedindo a Ele que nos guie em nossas escolhas diárias e que nos abençoe ao exercermos o presente maior dado por Ele: o livre-arbítrio.

Portanto, podemos concluir que Jesus, em sua sabedoria infinita, transmitia conhecimentos profundos de forma simples e acessível, como exemplificado na estrutura da oração que Ele nos ensinou.

No entanto, Jesus também usava essa simplicidade para atrair os mais sábios, tocando-os com ensinamentos ocultos e profundos, compreensíveis apenas para os iniciados nos mistérios espirituais e na gnose.

Esse método de transmissão de conhecimento não foi uma invenção de Jesus, mas uma prática comum nas escolas de mistério, religiões e filosofias antigas, e ainda é usado em tradições como a maçonaria.

A verdadeira iniciação consiste na busca pelo entendimento oculto das mensagens e ensinamentos transmitidos pelos Cristos que habitaram a Terra. Para alcançar esse entendimento, o neófito deve buscar as camadas mais profundas dos símbolos e alegorias que lhes são oferecidos. Como diz o tratado hermético, o *Caibalion*: "Os lábios da sabedoria estão fechados, exceto aos ouvidos do entendimento". Ou, como Jesus afirmou aos discípulos em Mateus 13:11-13:

Respondeu Jesus:

> *Porque a vós é dado compreender os mistérios do reino dos céus, mas a eles não (disse quando os discípulos perguntaram a Jesus porque este falava por meio de parábolas ao povo). Ao que tem, se lhe dará e terá em abundância, mas ao que não tem, será tirado até mesmo o que tem. Eis porque lhes falo em parábolas: para que, vendo, não vejam e, ouvindo, não ouçam nem compreendam* (Mateus 13:11-13).

Comentários finais

Em conclusão, a oração que Jesus nos ensinou, o Pai Nosso, é uma joia espiritual de extraordinária profundidade. Simples em estrutura, essa oração encapsula verdades místicas, filosóficas e universais que transcendem o tempo e a cultura, oferecendo a todos que a recitam um caminho para o entendimento divino e para a conexão com o sagrado.

A análise de cada linha revela um conjunto de ensinamentos que abordam desde a reverência a Deus e o alinhamento com a Sua vontade até a humildade, o perdão e a superação das tentações e fraquezas humanas.

Ao examinar as camadas de significado no Pai Nosso, percebemos que Jesus ensinava de forma a alcançar tanto os corações dos simples quanto as mentes dos iniciados. Sua mensagem, transmitida em termos acessíveis e simbólicos, carrega também um nível de sabedoria que desafia e inspira até os mais sábios.

Assim, vemos que a oração não apenas serve como um canal de comunicação com o divino, mas também como um mapa de crescimento espiritual, onde o fiel é convidado a integrar virtudes e a buscar a própria evolução por meio da prática diária de valores espirituais.

Ao orar, pedimos a Deus por orientação, perdão e libertação do mal, mas também nos comprometemos a superar os desafios da vida com sabedoria e compaixão, lembrando-nos de que o verdadeiro bem e mal estão entrelaçados em nosso livre-arbítrio. Esse processo de autoconhecimento e purificação é uma jornada de iniciação, onde cada indivíduo é chamado a descobrir as camadas mais profundas de si mesmo e a desenvolver uma conexão direta e íntima com o Criador.

Dessa forma, o Pai Nosso se torna uma fonte inesgotável de inspiração e uma lembrança de que, mesmo nas coisas simples, estão ocultas as mais elevadas verdades espirituais.

Capítulo 14

A JORNADA ESPIRITUAL DE JESUS E SUA INTERPRETAÇÃO NA TRADIÇÃO MAÇÔNICA

Na Maçonaria, Jesus é visto como um mestre moral e espiritual, cujos ensinamentos refletem os ideais de amor, compaixão, justiça e verdade. Sua vida e lições fornecem uma base sólida para o desenvolvimento do caráter justo e virtuoso dos obreiros.

As lições de Jesus sobre amar o próximo e tratar todos com respeito são refletidas na Maçonaria, que promove a tolerância religiosa e a inclusão. Os obreiros são encorajados a respeitar todas as tradições religiosas e a buscar a verdade espiritual de diversas formas.

Esta ênfase na tolerância reflete a crença de que a verdade espiritual é universal e pode ser encontrada em todas as tradições. Assim, a Maçonaria promove a unidade na diversidade, com o objetivo de construir uma fraternidade global, na qual todos colaborem para o bem comum. Esse ideal está alinhado à mensagem de Jesus, que ensinou que todos são filhos de Deus e devem viver em amor e harmonia.

A Maçonaria não é sectária, mas admite que os ensinamentos de Jesus são universais e eternos. O amor, a compaixão, a justiça e a verdade que Jesus ensinou são considerados pela ordem como valores que transcendem qualquer religião.

Os membros da arte real utilizam vários símbolos em seus rituais, e Jesus é frequentemente representado por alguns deles. Sua vida e sacrifício são comparados à construção do templo espiritual dentro de cada pessoa, sendo visto como o "Mestre Arquiteto" do edifício, podendo ser relacionado à figura de Hiram Abiff.

Essa construção simbólica enfatiza o crescimento ético e pessoal. Neste contexto, o Templo de Salomão consiste em uma figura arquetípica, representando o ponto de encontro entre a natureza humana e a divindade. Jesus, como "Mestre Arquiteto", é visto como uma ponte entre o divino e o humano, ajudando os obreiros a construírem seus próprios templos internos.

Dessa forma, a destruição e a reconstrução do Templo na mitologia maçônica simbolizam a transformação espiritual que os obreiros almejam alcançar, assim como a morte e a ressurreição de Jesus. A Pedra Angular (Salmo 118:22-23), símbolo frequente na maçonaria, também está relacionada à figura do Mestre dos Mestres, sendo usada como símbolo de estabilidade moral e constância, ou seja, como base sólida para a fundação da verdade e da vida espiritual do maçom: "*A pedra que os construtores rejeitaram tornou-se a pedra angular. Isso vem do Senhor, e é algo maravilhoso para nós*" (Salmo 118:22-23).

Este versículo é citado no Novo Testamento, especificamente em Mateus 21:42, Marcos 12:10, Lucas 20:17 e Atos 4:11, referindo-se a Jesus como a pedra angular rejeitada pelos líderes religiosos, mas que se tornou fundamental na construção do Reino de Deus.

Alguns graus da Maçonaria, especialmente os do Rito Escocês Antigo e Aceito e do Rito de York (REAA), estão intimamente relacionados aos ensinamentos de Jesus. Nos graus superiores do REAA, temas como sacrifício, redenção e iluminação são abordados.

O grau de Cavaleiro Rosa-Cruz (18º), por exemplo, com forte simbolismo gnóstico, é baseado nos ensinamentos de Jesus, enfatizando seu sacrifício pela redenção e pela verdade espiritual; o de Cavaleiro Templário do Rito de York também tem forte conexão com os ensinamentos de Jesus e é dedicado à herança dos Cavaleiros Templários, que defendiam a fé cristã no passado.

A Maçonaria, com sua longa tradição esotérica, busca descobrir as verdades ocultas por trás dos escritos sagrados e das tradições religiosas. Esta tradição vê Jesus como um mestre iniciático que ensina sabedoria espiritual profunda e oculta aos seus apóstolos e discípulos.

Seus ensinamentos são frequentemente interpretados simbolicamente, oferecendo significados que vão além da interpretação literal. Na tradição gnóstica, Jesus é visto como um sábio que transmite ensinamentos esotéricos aos seus seguidores. Não obstante, muitos obreiros interpretam Jesus como o "Cristo interno", ou seja, a presença divina dentro de cada pessoa (centelha divina, santo dos santos do templo de Salomão), uma ideia compatível com o postulado gnóstico e o cristianismo místico primitivo apresentado nos evangelhos apócrifos.

Por meio de uma leitura crítica dos ensinamentos maçônicos e tendo em vista o conteúdo de alguns graus superiores, a ordem considera Jesus como um dos avatares enviados por Deus à Terra para nutrir o homem com a sabedoria necessária à sua transcendência ao Eterno, tal como Hermes Trismegisto, Moisés, Confúcio, Mohamed e Pitágoras, os quais também são portadores de conhecimento esotérico e espiritual.

Nesse contexto, Jesus não é visto como um messias ou intermediário exclusivo entre a salvação e o homem, mas sim como um avatar espiritual que orienta os obreiros no caminho. Essa jornada, representada pelos rituais de iniciação, simboliza a morte do "eu" profano e o renascimento do "eu" espiritual.

Neste contexto, segundo Jung, o "eu profano" pode ser entendido como o ego que está excessivamente ligado aos valores materiais, sociais e superficiais. A morte do ego é um momento essencial no desenvolvimento psicológico e espiritual dos maçons. Esta deve ocorrer em decorrência de uma crise em que o indivíduo confronta seus próprios limites, ilusões, dogmas e aspectos sombrios, como medos, desejos reprimidos e traumas.

Na tradição maçônica, Jesus é frequentemente associado à sabedoria oculta, que deve ser adquirida por meio da prática espiritual e do estudo individual. Seus ensinamentos possuem múltiplos significados que podem ser descobertos por meio da reflexão e da meditação, que devem ser praticadas pelos verdadeiros buscadores:

> *Mas tu, quando orares, entra sozinho no teu aposento, e fechando a tua porta, ora a teu Pai que está em oculto; e teu Pai, que vê em oculto, te recompensará publicamente. E orando, não useis vãs repetições, como os gentios, que pensam que por muito falarem serão ouvidos* (Mateus 6:6-7).

Além deste enfoque na sabedoria oculta, os estudos esotéricos da Maçonaria buscam compreender as verdades profundas e universais ensinadas por Cristo que subjazem à realidade. Essa é uma das razões pelas quais a Igreja Católica e outras denominações cristãs tradicionais mantêm certo conflito com a ordem.

A Igreja Católica, por exemplo, condena a Maçonaria por meio de bulas papais como a "In eminenti apostolatus specula", emitida pelo Papa Clemente XII em 1738, e a "Humanum genus", emitida pelo Papa Leão XIII em 1884, que afirmam que os obreiros vivem em constante pecado.

A questão de se um maçom pode ser considerado cristão surge devido às divergências entre as perspectivas gnósticas da Maçonaria e o cristianismo tradicional, pois a aceitação de Jesus como o Messias e Salvador é fundamental para muitos cristãos tradicionais apostólicos.

Assim, a Maçonaria pode conflitar com a crença cristã ao tratar Jesus como um avatar ou mestre iniciático, em vez de reconhecê-lo como o Filho de Deus, encarnação divina ou único mediador entre Deus e os homens. O conceito maçônico de Jesus enfatiza seu papel como exemplo moral e espiritual, mas não como intermediário exclusivo entre o Santíssimo e a humanidade, o que a diferencia significativamente das doutrinas cristãs tradicionais e das igrejas estabelecidas.

Como resultado, aqueles que se identificam fortemente com os ensinamentos tradicionais da Igreja podem ter dificuldade em conciliar suas crenças com a filosofia maçônica. No entanto, alguns cristãos conseguem combinar ambas as perspectivas, interpretando a palavra de Jesus de maneira a harmonizar os valores universais promovidos pela Maçonaria com suas próprias crenças; ou seja, a Verdade não é propriedade de ninguém, mas sim de todos que a buscam dentro de si.

Deve-se destacar que ambas as tradições compartilham valores centrais, como amor, compaixão, justiça e verdade. Focar nesses princípios comuns pode promover um diálogo construtivo. Neste contexto, a prática do ecumenismo e do diálogo inter-religioso é crucial.

A Maçonaria incentiva o respeito por todas as tradições religiosas, promovendo a inclusão e a compreensão mútua. Por este prisma, mentores espirituais, tanto na Maçonaria quanto na Igreja, podem ajudar os indivíduos a navegarem pelas complexidades teológicas e filosóficas acerca deste tema, a fim de acalmar tempestades espirituais, assim como Cristo acalmou o mar da Galileia.

> *E, entrando ele no barco, seus discípulos o seguiram. E eis que no mar se levantou uma tempestade, tão grande que o barco era coberto pelas ondas; ele, porém, estava dormindo. E os seus discípulos, aproximando-se, o despertaram, dizendo: Senhor, salva-nos! que perecemos. E ele disse-lhes: Por que temeis, homens de pouca fé? Então, levantando-se, repreendeu os ventos e o mar, e seguiu-se uma grande bonança. E aqueles homens se maravilharam, dizendo: Que homem é este, que até os ventos e o mar lhe obedecem?* (Mateus 8:23-27).

Comentários finais

Em última análise, a compatibilidade entre ser maçom e cristão depende da capacidade individual do obreiro de integrar diferentes perspectivas espirituais. Valores universais de amor, compaixão e justiça podem servir como uma ponte entre essas tradições, permitindo uma convivência pacífica e enriquecedora. Ao adotar uma abordagem flexível e inclusiva, é possível harmonizar as riquezas das tradições maçônica e cristã, promovendo um crescimento espiritual mais profundo.

A presença contínua de profetas e sábios em todas as épocas indica que Deus está comprometido a guiar as pessoas em seu caminho espiritual individual. Isso mostra que Jesus era, de fato, um instrutor divino enviado pelo Eterno para iluminar o caminho para a verdade e a vida eterna.

O conhecimento espiritual e a transcendência do mundo material são essenciais para a busca pela salvação e realização divina, de acordo com a compreensão esotérica da traição de Judas e sua colaboração com Jesus.

Na tradição esotérica, essa visão vai além da interpretação literal dos eventos bíblicos, oferecendo uma perspectiva mais profunda e simbólica sobre os acontecimentos que culminaram na crucificação de Jesus.

Segundo essa interpretação, a traição de Judas não é vista simplesmente como um ato de traição pessoal e de ganância, mas como parte de um plano divino mais amplo. Judas, ao entregar Jesus aos romanos, estaria cumprindo um papel crucial na realização do destino de Jesus como redentor da humanidade.

Este ato, embora aparentemente negativo, é compreendido como necessário para que Jesus pudesse transcender a existência material e realizar seu sacrifício final, que abriria o caminho para a salvação espiritual de todos.

Portanto, pode-se concluir que a Maçonaria oferece uma visão rica de Jesus, considerando-o como um mestre moral e espiritual cujas lições de amor, compaixão e justiça devem ser seguidas. Esta abordagem destaca Jesus como um exemplo supremo de virtude e ética, enfatizando a importância de suas mensagens sobre a necessidade de viver de acordo com elevados padrões morais e tratar os outros com dignidade e respeito.

Capítulo 15

PROVOCAÇÕES FINAIS

Ao entrarmos no coração desta obra, embarcamos em uma jornada de despertamento espiritual que desafia os limites do comum. Cada página oferece uma introdução profunda aos aspectos místicos e ocultos da vida de Cristo, revelando um mundo de sabedoria espiritual que tem um impacto significativo em nossas vidas.

Os ensinamentos de Cristo nos inspiram a olhar além do óbvio quando analisados com uma lente esotérica. Eles nos desafiam a descobrir a verdade escondida nas histórias, nos símbolos e nas tradições. A verdadeira sabedoria não está apenas nos escritos sagrados, mas também nas experiências diárias e na introspecção profunda. A luz divina é encontrada nesse lugar íntimo.

Cada ensinamento de Cristo, número e símbolo pode nos ajudar a entender melhor nossa existência. Em nosso céu espiritual, o simbolismo numérico, astrológico e os princípios alquímicos e cabalísticos são estrelas brilhantes que iluminam nosso caminho e nos ajudam a decifrar os mistérios da vida e do universo. Integrá-los em nossa prática espiritual é como abrir a porta para um mundo de harmonia e equilíbrio, onde nossa alma pode realmente prosperar.

Quando compreendemos a jornada espiritual descrita nos evangelhos sob este novo prisma, ela se torna um mapa poderoso para nossa própria transformação. Cada evento, número e símbolo representa um passo em direção à realização espiritual. Somos motivados a seguir esses passos para superar nossas limitações materiais e despertar para nossa essência divina. É um convite para uma transformação profunda em nossa alma, uma transformação que nos leva a novos patamares de consciência.

Com sua ênfase no autoconhecimento e na descoberta interior, os ensinamentos gnósticos nos lembram que a salvação é uma jornada interior, pessoal e dependente do processo voluntário de estudo e internalização do conhecimento. É um processo de purificação espiritual que nos permite brilhar com a luz do Criador e olhar para dentro de nós mesmos em busca da luz divina. Portanto, este livro é um convite para aceitar nossa verdadeira natureza, ver a centelha divina que está em cada um de nós e permitir que ela ilumine nosso caminho.

Ao ver a vida de Cristo como uma representação da jornada espiritual humana, somos motivados a ver nossas próprias vidas como partes de uma história grandiosa e divina. Cada obstáculo, dificuldade e experiência de êxtase espiritual são passos no caminho para a união com o divino. Este entendimento nos dá força e coragem para lidar com as dificuldades com sabedoria e graça, entendendo que todas as dificuldades são oportunidades de crescimento espiritual.

A verdade é universal e atemporal, e não é exclusiva a ninguém, como mostra a conexão dos ensinamentos de várias tradições espirituais. As verdades da alquimia, da cabala e da astrologia enriquecem as lições dos evangelhos, indicando que todas as religiões e filosofias espirituais convergem para a mesma realidade divina. A partir dessa perspectiva, todos nós somos incentivados a buscar a unidade e a harmonia entre os vários caminhos espirituais, reconhecendo que somos todos membros da mesma família espiritual. Deus é um.

Os ensinamentos esotéricos de Cristo nos inspiram a viver com maior consciência e espiritualidade de forma leve e voluntária, sem a necessidade de rituais engessados e construções de templos gigantescos. Ao contrário, nos ensina a chegar ao Pai pela simplicidade da contemplação e do amor. Ao incorporar esses ensinamentos em nossas vidas diárias, podemos mudar nossas ações, pensamentos e emoções, alinhando-nos mais com a vontade divina. Este processo de mudança constante é o que constitui a vida espiritual e é a fonte de verdadeira felicidade e paz. É uma viagem de constante transformação, onde cada dia oferece uma nova chance de nos aproximarmos do divino.

A compreensão profunda dos símbolos e números encontrados nos evangelhos nos dá uma nova perspectiva sobre a vida e remove véus que outrora ocultavam lições que estavam fora do entendimento da maioria das pessoas. Confesso que muitos trechos dos evangelhos passaram a fazer sentido para mim após esse tipo de análise. O olhar simbólico nos ajuda a encontrar propósito e significado, mesmo em momentos difíceis e confusos, lembrando-nos de que o divino sempre nos orienta e protege.

A perspectiva esotérica da ressurreição como um sinal de renascimento espiritual nos recorda que a morte física não é o fim de nossa vida. Este entendimento nos inspira a viver de acordo com os princípios divinos, sabendo que cada ação tem um efeito eterno, e nos dá esperança e confiança na continuidade de nossa existência espiritual. A ressurreição de Cristo nos inspira a acreditar no poder de transformação e renovação, mostrando que a luz sempre vence a escuridão.

Finalmente, podemos obter uma melhor compreensão de nossa própria natureza divina ao estudar os aspectos místicos escondidos da vida de Cristo. Quando consideramos a nós mesmos não apenas como seres materiais, mas como manifestações divinas, temos a capacidade de nos unir ao Criador. Esta visão nos motiva a buscar a iluminação e a viver de acordo com princípios espirituais, reconhecendo que cada momento é uma chance de nos aproximarmos do divino.

Ao terminar esta expedição de exploração espiritual, lembramos que o conhecimento esotérico é um meio de alcançar a transformação interior, e não um fim em si mesmo. A verdadeira sabedoria ocorre quando aplicamos essas lições em nossas vidas, o que nos permite viver de forma mais consciente, amável e compassiva. Isso nos ajuda a descobrir a paz e a felicidade genuínas, além de nos alinhar com a vontade divina.

O caminho esotérico nos desafia a examinar nossas crenças tradicionais e a abrir nossas mentes para novas perspectivas. Este desafio oferece uma chance de crescimento e expansão espiritual, proporcionando-nos uma compreensão mais profunda da verdade e da conexão que temos com o divino. Cada etapa nessa viagem representa uma revelação, um despertar para a verdade que está dentro de nós.

Cada pessoa tem sua própria jornada espiritual. Embora os ensinamentos esotéricos de Cristo nos forneçam um mapa, cada um de nós deve escolher seu próprio caminho de acordo com sua intuição e suas próprias experiências. Este caminho é uma experiência de exploração e descobrimento, onde cada etapa nos leva mais perto de nossa verdadeira essência.

Que esta viagem nos inspire a buscar a paz, a harmonia e a iluminação que ela promete. Que possamos aceitar a nossa verdadeira natureza divina e viver com amor, compaixão e sabedoria, refletindo a luz eterna do Criador.

REFERÊNCIAS UTILIZADAS PARA SABER MAIS

A elaboração de um livro como este representa apenas o encerramento de um ciclo de aprendizado lento, gradual e solitário. A consulta a referências consagradas e a autores renomados alimenta a mente do pesquisador, sedimentando o conhecimento obtido em seu subconsciente e tornando-o parte intrínseca de sua mente.

Assim, tomo a liberdade de listar a seguir as publicações que foram essenciais para me munir do conhecimento utilizado na redação deste humilde livro. Mesmo sendo, à primeira vista, de temáticas distintas, esses livros compuseram o arcabouço místico e teórico empregado nas argumentações e textos apresentados nesta obra.

Para os pesquisadores que desejam se aprofundar na investigação de sua espiritualidade, recomendo a leitura e absorção de cada um dos livros a seguir:

BAHIR, O. *O Livro da Iluminação*. São Paulo: Editora Polar, 2019. 293 p.

BECKER, U. *Dicionário de Símbolos*. São Paulo: Editora Paulus, 1999. 306 p.

BÍBLIA SAGRADA. 15. ed. São Paulo: Editora Ave Maria, 2022. 2151 p.

BOBERG, J. L. *O evangelho de Judas*. Capivari, SP: Editora EME, 2019. 204 p.

BOBERG, J. L.O *Evangelho de Maria Madalena*. Capivari, SP: Editora EME, 2020. 251 p.

BRUNN, K. *Doutrina secreta gnóstica*: iniciação à gnose. Curitiba: Editora Edisaw, 2012. 378 p.

CABALA DESVENDADA, A. Curitiba: Editora AMORC, 2017. 145 p.

O CAIBALION: edição definitiva e comentada. São Paulo: Editora Pensamento, 2018. 327 p.

CARTER, J. *Os evangelhos apócrifos*. São Paulo: Editora Isis, 2003. 290 p.

CHOURRY, J. *A Qabbalah e o corpo humano*. Ordem Rosacruz – Grande Loja de Jurisdição de Língua Portuguesa, Curitiba, 2022. 155 p.

CONTE, C. B. *Pitágoras*: ciência e magia na antiga Grécia. São Paulo: Editora Madras, 2004. 180 p.

COSTA, W. V. *Maçonaria*: Escola de Mistérios – A antiga tradição e seus símbolos. São Paulo: Editora Madras, 2020. 667 p.

CORPUS HERMETICUM. Tradução e edição Eduardo Filipe Freitas. 2017. 219 p.

CHOWN, G. *Gramática Hebraica – como ler o antigo testamento na língua original*. Vila da Penha, RJ: Editora CPAD, 2019. 238 p.

DICIONÁRIO DE SÍMBOLOS. São Paulo: Editora Paulus, 2007. 316 p.

DUQUETE, L. M. *A chave de Salomão*: como os antigos segredos dos cavaleiros templários e da Francomaçonaria afetam o mundo moderno. São Paulo: Editora Pensamento, 2008. 156 p.

EVANGELHO APÓCRIFO DE JOÃO. Editora Pentagrama, Lectorium Rosacrucianum, Jarinu, 2014. 87 p.

EISENBERG, J.; STEINSALTZ, A. *O Alfabeto Sagrado*. São Paulo: Edições Loyola, 2012. 280 p.

FAGUNDES, J. P. *Governador da Terra*: Jesus sob o olhar das últimas descobertas históricas e da ciência espírita. Capivari, SP: Editora EME, 2019. 256 p.

FORTUNE, D. *A Cabala Mística*. São Paulo: Editora Pensamento, 2024. 274 p.

GREER, J. M. *Dicionário do pensamento esotérico ocidental*. São Paulo: Editora Pensamento, 2012. 711 p.

HELLER, A. K. *A igreja gnóstica*. São Paulo: Editora Madras, 2007. 158 p.

JUNG, C. G. *O homem e seus símbolos*. Rio de Janeiro: Editora Harper Collins, 2016. 447 p.

KAPLAN, A. *Meditação e Cabalá*: Teoria e Prática. São Paulo: Editora Sêfer, 1982. 364 p.

KAPLAN, A. *Imortalidade, ressureição e idade do universo*: uma visão cabalística. São Paulo: Editora Sêfer, 1993. 198 p.

KAPLAN, A. *Sêfer Ietsirá* – O livro da criação. São Paulo: Editora Sêfer, 2001. 385 p.

LÉVI, E. *Dogma e ritual de alta magia*. São Paulo: Editora Madras, 2004. 412 p.

LÉVI, E. *O grande arcano*. São Paulo: Editora Pensamento, 2012. 247 p.

LÉVI, E. *A chave dos grandes mistérios*. São Paulo: Editora Pensamento, 2018. 328 p.

LÉVI, E. *O livro dos esplendores*. São Paulo: Editora Pensamento, 2022. 175 p.

LUBAVITCH, M. M. S. *Lições da Torá*. São Paulo: Editora Maayanot, 1986. 385 p.

LYRA, A. *Qabalah*: a doutrina secreta dos juD'us numa perspectiva ocidental. São Paulo: Editora Ibrasa, 1988. 208 p.

MAC ARTHUR, J. *As parábolas de Jesus*. Rio de Janeiro: Editora Thomas Nelson Brasil, 2018. 252 p.

MARTINELLI, P.; DEL DEBBIO, M. *Kabbalha Hermética*. 3. ed. Editora Daemon, 2023. 672 p.

MARTINELLI, P.; DEL DEBBIO, M. *Astrologia Hermética*. 1. ed. Editora Daemon, 2024. 800 p.

MOTTA, M. R. *O Equinócio dos D'uses*. Joinville, SC: Clube dos Autores, 1976. 150 p.

O EVANGELHO DE JOÃO. 4. ed. Petrópolis, RJ: Editora Vozes, 2018. 301 p.

O EVANGELHO DE TOMÉ. 12. ed. Petrópolis, RJ: Editora Vozes, 2012. 220 p.

O ZOHAR – O LIVRO DO ESPLENDOR. São Paulo: Editora Polar, 2018. 362 p.

PAPUS. *Tratado elementar de ciências ocultas*. São Paulo: Editora Pensamento, 2018. 367 p.

PAPUS. *A Cabala*: tradição secreta do ocidente. São Paulo: Editora Pensamento, 2021. 401 p.

PAWLICK, G. *Bestiário Goétia*: os 72 espíritos da ARS Goétia. Florianópolis: Editora Skript, 2020. 155 p.

PISTIS SOPHIA: COMENTÁRIOS DE HELENA BLAVATSKY. Brasília: Editora Teosófica, 2021. 346 p.

REGARDIE, I. A *Golden Dawn*. São Paulo: Editora Madras, 2023. 757 p.

RODRIGUES, J. A. *A Maçonaria e a Cabala* – A árvore da vida e a loja: a influência da Cabala nos ritos maçônicos. São Paulo: Editora Madras, 2021. 223 p.

SANTORO, K. *Cabala*: uma jornada de autoconhecimento. Rio de Janeiro: Editora Gryphus, 2023. 191 p.

SCHOLEM, G. *Cabala*. São Paulo: Editora Chave, 2020. 651 p.

SHESSO, R. *Matemática para místicos*: uma introdução aos estudos da geometria sagrada. São Paulo: Editora Pensamento, 2010. 205 p.

TANAH COMPLETO – português e hebraico. São Paulo: Editora Sêfer, 2018. 2431 p.

URBANO JUNIOR, H. R.; KHAN, A. A. *Manual mágico de Kabbala Prática*. São Paulo: Editora Madras, 2018. 496 p.

VON FRANZ, M. L. *Alquimia e a imaginação ativa*. São Paulo: Editora Cultrix, 2022. 240 p.

ZUMERKORN, D. *O DNA dos números da Bíblia*: Torá-Guimátria. Edição do autor. 3. ed. São Paulo, 2024. 454 p.

Portanto, encerro aqui este pequeno ensaio. Não tive a ambição (e nem poderia) de adentrar profundamente nas camadas simbólicas que revestem os evangelhos canônicos que contam a história do Mestre, até porque tal missão demandaria conhecimento e iluminação que não atingirei nesta vida.

Todavia, nesta humilde dissertação procurei demonstrar ao leitor que os textos comentados ocultam em si uma profundidade de conhecimento bem maior do que a simples leitura literal e mecânica possibilita.

Estes ensinamentos ocultos têm o poder de promover um entendimento maior da figura e da importância do Cristo, como grande avatar designado pelo Eterno, no intuito de nos ensinar o domínio do Ego e a libertação do Eu Superior presente em cada um de nós, para que, dessa forma, possamos alçar nosso caminho de volta Àquele que a tudo criou e que em tudo se manifesta e permeia.

Dessa forma, quem sabe um dia possamos manifestar toda a divindade ainda encarcerada em nós mesmos.

Paz Profunda